できる40代は、「これ」しかやらない

1万人の体験談から見えてきた「正しい頑張り方」

大塚寿
Otsuka Hisashi

PHP

はじめに

⦿「40代を後悔している人」が多すぎる

「40代は多忙な時期である。しかし同時に、やりたいことがやりたいようにできる〝ゴールデンエイジ〟である」

多くの人が口を揃えて、40代をこう評します。

確かに、20代、30代の頃は、やりたいことがあっても上司や組織の壁に阻まれて、思い通りに仕事が進められないことが多いものです。特に、組織が大きくなればなるほど、その傾向は強くなります。

しかし、40代ともなれば、ある程度の地位や立場を得ている人が多いもの。しかも、20年間にわたって積み上げられてきた知識と経験があなたを支えてくれます。まさに「やりたいことがやりたいようにできる」時期なのです。

にもかかわらず、50代、60代の方に話を聞くと、男性・女性問わず「40代でやりたいことができなかった」と後悔している人が極めて多いのです。

中でもよく聞くのが、「目先の仕事を必死にこなしているうちに、いつの間にか40代が終わっており、気がついたら何も成し遂げられていなかった」という後悔です。

40代の多くはいわば「プレイングマネージャー」として、リーダーとしての仕事とプレイヤーとしての仕事を同時に求められます。一方、プライベートに関して、さまざまなライフイベントが起こる時期でもあります。40代のもう一つの特徴は、まさにこの「忙しい」ということです。

そして、忙しさに追われる中で、「こんな仕事をしたかった」「あんなこともやりたかった」という夢をいつの間にか忘れ、ただひたすら仕事をこなすだけの毎日に。一方、プライベートを大事にしたいと思っていたのに、結局それも中途半端に……。多くの「元40代」が、そんな後悔をしているのです。

⦿「頑張れば頑張るほどドツボにはまる」という40代のワナ

つまり、**「一生懸命働けば働くほど、40代を後悔することになる」**ということで、考えてみればこれほど理不尽な話もありません。

では、いったい何が問題だったのでしょうか。

ひと言で言えば「頑張り方、時間の使い方が間違っていた」のです。

私はこれまで、3万人以上のビジネスパーソンと出会い、そのうち1万人からは、成功の秘訣や失敗談、人生を豊かにするためのアドバイスなど、かなり詳しい話をうかがってきました。話を聞いた相手は大企業の社長や幹部クラスから、大小さまざまな会社の中間管理職、そして個人で活躍する人たちまでさまざまで、その中には誰もがうらやむ大成功をした人もいれば、順風満帆だった人生が一転、暗転してしまったような人もいます。

そうした成功・失敗の話を聞く中で、見えてきたことがあります。**仕事や人生には正しい頑張り方、時間の使い方があって、そのセオリーや勘どころを外してしまうと、いくら頑張っても成果が出ない**ということです。

しかも40代では、20代、30代の頃とは違った「頑張り方」や「時間の使い方」が求められます。それに気づかないと、「頑張れば頑張るほどダメになっていく」という負のスパイラルに陥ってしまうのです。

つまり、「がむしゃらに頑張る」だけではダメだということ。むしろ、「頑張るべきはここ」というポイントをしっかり押さえ、「これしかやらない」ことこそが、後悔しない40代を送るためには必須なのです。

⦿このコロナ禍を「人生を変えるきっかけ」に

ところで、多くの人から成功体験や失敗談を聞く、私にとってライフワークとも言えるこの活動を始めたのは、20代の頃です。当時、私自身が人生や仕事について、大いに迷っていました。新卒で入った会社でどうやって成果を出していいかわからず、ちょうど新規開拓営業の仕事だったこともあり、会う人会う人にいろいろなことを聞いて回ったのです。

そこで聞いた話は大いに私を助けてくれ、凡人だった私がトップ営業マンの地位を得ることができました。独立後もこの活動を続け、やはり仕事の指針となってくれました。

しかし、その教えが最も役に立ってくれたのは、40代になってからのことでした。前述したように、40代を後悔している人は非常に多く、だからこそ「後悔しないためにはこうしたらいい」というアドバイスを何度も聞いていました。それを実践することで、自分自身、極めて充実した40代を過ごすことができたのです。

本書を執筆したのは、今度はぜひあなたに、同じ方法を知ってもらいたいからに他なりません。

最後にもう一つ、40代の大事な特徴を申し上げるのを忘れておりました。それは**「40代はまだ十分、人生の逆転が可能な時期」**だということ。今までの評価を覆すことも十分に可能ですし、昨今は40代からの転職や起業も以前よりずっと容易になっています。逆に言えば、この機会を逃してしまえば、一生後悔することにもなりかねません。全部でなくて結構です。本書の中で一つでもピンと来たものがあれば、早速始めてみてください。それだけでも十分、効果が実感できるはずです。

2020年、世界を襲ったコロナ禍は、我々の働き方を大きく変えることを迫りました。多くの人が、将来に対し大きな不安を持っていると思います。ただ一方で、今までの働き方や時間の使い方を見直すチャンスでもあるはずです。

本書がぜひその一助となることを願っております。

2020年8月　新型コロナによるテレワークの最中に

大塚　寿

目次

第2章【会社編】

「ダークでディープな組織」を上手に泳ぐスキルを身につけよ

第3章【マネジメント編】

「正しい任せ方」を知らないと、自分もチームも回らない

第4章 【プライベート編】

ワークをいったん手放し、「ライフ」に最大限シフトせよ

第5章 仕事が速い人は「これ」しかやらない

【タイムマネジメント編】

第6章 【人脈編】

40代からは「誰とつながっているか」で勝負が決まる

第7章【勉強編】

限りある時間で、最大限の成果を得る「大人の学び方」

あなたは大丈夫？
「40代」後悔度チェック

- □ 毎日忙しい。ただ、毎日忙しく働く自分は嫌いじゃない。
- □ 仕事はやはり現場第一。自分の手を動かすことが大事だ。
- □ 任せる必要があるのはわかるけど、つい自分でやってしまう。
- □ 平日は常に残業だが、週末だけは家族のために使っている。
- □ 出世したい気もあるが、あまり考えないようにしている。
- □ 最近の若者は過干渉を嫌うので、なるべく距離を置いている。
- □ 新卒以来ずっと同じ会社で働いてきた。
- □ 趣味の時間は全く取れないが、定年後に再開すればいい。

チェックの数が５つ以上の人は「後悔する人」予備軍。
今すぐ発想を転換しよう。

第1章

【キャリア編】
40代は「人生後半を
どう生きるか」を
選べる最後のチャンス

01

40代ならではの「漠然とした不安の正体」を突き止める

40代になったら誰もが抱く「原因のわからない漠然とした不安」。しかし、これを放っておいてはならない。まずはこの「不安の正体」を突き止めよう。

◉「なんとなく不安」の正体とは……?

「今のところ、仕事も生活もなんとか回っている。ただ、常に『漠然とした不安』を抱えている」

多くの40代の、偽らざる思いではないでしょうか。不安の大小はあれど「自分の将来についてまったく不安はない」などと言い切れる人は、ごく少数だと思います。

この不安の正体とは何か。もちろん、その要因はさまざまです。ただし、その根幹をなしているのは**「自分の仕事や職場は、この先ずっと安泰なのか」**という将来に対する不安ではないでしょうか。

現在の40代の皆さんはちょうど就職をする頃に、長銀、日債銀といった政府系金融機関や山一證券という名門企業が相次いで破綻したことを記憶しているでしょう。そのあとも有名企業、大手企業の破綻や吸収合併が相次ぎ、どんな企業に所属していても何が起こるかはわからないということを、身に染みて感じているはずです。

さらに、ＩＴやＡＩの発達で、「自分の仕事がなくなる」などという記事の見出しが、新聞や雑誌、ネットニュースを常ににぎわせています。常に脅されているような状態です。

こうした不確実さへの防衛本能こそが、「なんとなく不安」の中核なのです。

◉「五つの視点」で、自分の不安を分析してみる

ここで思考停止して、「それでもまぁ、なんとかなるだろう」と漠然と思ってやり過ごしてしまうと、一生、後悔することになります。

だからこそ、40代のうちに絶対にやっておいてほしいことがあります。それは、**所属企業（組織）と自分の将来性を客観的に評価、予測すること**です。

自分の乗っている船が、氷山やクジラと衝突してもびくともしない頑丈で大きな船なのか、風雨にさらされるたびに危険を感じる小さな船なのか、はたまた何もしなくても沈みかけている泥船なのか。それがわかれば、少なくとも「不安の正体」が理解でき、

何をすればいいかも見えてくるはずです。

ここで、私がキャリア研修等でいつも使っている表をご紹介したいと思います。五つの項目について、それぞれ5点満点で評価していきます。その際、「マクロ→ミクロ」、つまり①自社の業界→②自社→③自部門→④今の上司→⑤自分という順に評価するのがポイントです（本書の巻末にフォーマットをご用意しています）。

①自社の業界

まずは、自社の業界の評価です。絶好調の成長期なのか、安定の成熟期なのか、じり貧の衰退期なのか。短期ではなく中長期的な視点で見極めてください。

同じ業界でも差が出ます。例えばアパレルでは、かつて華やかだったデパート系のアパレルが軒並み凋落《ちょうらく》する一方、ユニクロをはじめとしたSPA（製造小売り）は堅調に推移し、ZOZOTOWNなどネット系は大きく業績を伸ばしています。

②自社評価

業界内でどのくらいの位置にいるのか（業界トップ、2～3位グループ、ベスト10、それ以下など）という規模による評価だけではなく、経営は順調か、右肩上がりに成長しているか、明確な「強み」があるか、やりたい仕事ができるか、明るい未来が見えるか、などの基準で評価してみましょう。

例

私の現状分析シート

■評価基準(5段階)

5:非常に良好　4:良好　3:どちらともいえない　2:問題あり　1:非常に問題あり

項目	評価	コメント
①自社の業界(xxxxx業界)	3	■直近 5 年程度の業況など ・少子化の影響を受けて市場的には縮小傾向ながらも、サービス業などの人手不足が追い風 ・ただし、新型コロナの直撃を受け、今後が非常に不安 ・IT 分野のイノベーションも脅威に感じる
②自社評価(株式会社XXX)	2.5	■業界内でのランキング、経営状態、成長、競争優位性など ・総合的にはトップ 10 下位ながら、特定のカテゴリーでは2、3位争い ・総合、カテゴリー的にもガリバー的トップが存在 ・マーケットリーダーにもカテゴリートップにもなれない ・自社内に新しいビジネスを創出できるレベルの人材がいない ・20代の離職率が非常に高く、優秀な人材が採用できていない
③自部門(XX部XXグループ)	2	■社内での序列、業績、将来性など ・間接部門であるために、社内的な地位は低く担当取締役もいない ・社内的な序列は「主流」とはいえない ・人事権、予算権とも相対的に弱い
④直属の上司	3	■社内での実権、将来性、自身との関係性など ・基本的にクレバーな組織人 ・情報量も多く、アップデートを欠かさない ・事務方としての実務能力では有能だが、決められない人、部下に任せず自分でやりたい人 ・社内の力学上ここまで ・一方、執行役員ながら、他部門との折衝となると劣勢なため、自部門の部長、課長(私)、リーダー、担当の仕事まで「自分でやって、勝とうとする」ためやりにくい →本来の執行役員の役割責任を果たして欲しい
⑤自己評価	4	■自身の能力、スキルの自己評価 ・3 年前に同業の最大手から転職したため、やりたい仕事も任せられ、社内評価も高く、満足はしている ・前職で身につけたスキルで業務をなんなくこなせてしまうので、逆にストレッチを欲する状態 ・しかし、前職と比較すると経営陣や上司にロールモデルとなるような存在がおらず、刺激になるような人物もいないため、自己成長に危機感

③自部門評価

自分のいる部門が会社の中で本流なのか傍流なのか、業績はどうなのか、将来性はどうなのかという視点で分析してみましょう。

40代ともなると、業績連動制の企業では部門によってボーナスに2倍以上の開きが出るケースも珍しくありません。自部門が割を食ってはいないか、評価しておきたいところです。

④直属の上司

サラリーマンは上司によって一生が決まってしまう側面があるのは紛れもない事実。今の上司が信用できるか、社内での将来性など、冷静に判断しておきましょう。

最悪、どう見てもこの上司の元では出世できないということなら、どうするか。大手企業であれば異動の可能性もありますが、小さな所帯で人員が固定的な場合や、オーナー企業で上が替わることがあり得ない場合は、転職という選択肢も考えるべきでしょう。

⑤自己評価

最後に、①~④を踏まえた上で自己評価を行います。自分自身の能力やスキルはどの程度のものなのか。社外でも通用するほどのものなのか、あるいは社内でも十分な競争力を持たないのか。

それを踏まえ、このまま今の会社や組織、上司の元に所属することで明るい未来が開けるかどうか、改めて考えてみるのです。

最後に、書き出した表をざっと眺めてください。そして、あなたの「不安の正体」を探っていくのです。

ある人は、「自分の能力が十分でないことに対する不安」を持つかもしれません。あるいは、「今の会社では、自分のやりたいことができないのでは」「このまま、この業界にいても未来がないのでは」という不安かもしれません。

不安はもちろん人それぞれですが、少なくとも**「漠然とした不安の正体」がわかれば、どうやってそれを解消したらいいのかも見えてきます**。それだけで、急に目の前の霧が晴れたような気になるものです。

Point

不安の正体がわからなければ、知る努力をすればいい。それが「後悔しない40代」への第一歩となる。

02

「会社からの評価」より「自分自身の評価」を気にする

気にしたくはないけれど、されど気になる「会社からの評価」。しかし、そればかり意識すると結局「会社にとって便利な人」になってしまう恐れが……。

◉そもそも「正当な評価などあり得ない」と心得るべき

私はこれまで1万人ものビジネスパーソンの話を聞いてきましたが、その悩みのトップ3に入るのが「会社に正当に評価されていない」というものです。

こうした悩みに対して、よく「会社や上司が求めることは何かを知り、その期待に応え続けるべき」などというアドバイスを見かけますが、そんな単純な話ではありません。むしろ、**40代にもなって「会社や上司の期待に応える」意識でいると、自分だけが損をします**。

そもそも、仕事の評価はすべてMeasurable（数値で測れるもの）ではありません。営業部門でさえ、担当エリアが大企業の多い都心部か、あるいは人口の少ない地方かで、営業効率は雲泥《うんでい》の差です。あるいは同じ5000万円の売上でも、大手企業1社を担当している人と、中小企業を数百社担当している人とでは、効率も難易度も大きく異なります。

私はむしろ、**「会社があなたを正当に評価してくれることなどあり得ない」**と考えるべきだと思います。

何しろ、評価をする側である人事担当者や管理職が常に「どうやったら正当な評価ができるのか」と悩んでいるのが現実です。目標管理制度（MBO）、成果主義、グレード制、エンゲージメント志向の評価制度などさまざまな人事評価システムが現れては消えるのは、正当な評価が難しいことの表れでもあります。

かつて、ある人事の専門家から、「最も優れた人事評価は全員が等しく、少しずつ不満を持つやり方だ」と言われたことがありますが、一面の真実に思えます。

⦿人事が恐れる「ハロー効果」

40代になったら「会社にどう評価されるか」ではなく、「自分はどう評価されたいのか」に発想を逆転させる必要があるのです。言い換えれば、**「自分はどの分野に強い人**

だと評価してもらいたいのか」というブランディングです。レッテルの貼り換えと言ってもいいでしょう。

例えば、「本部との調整だったらAさん」「英語での交渉ならBさん」「プレゼンならCさん」といったものです。

「ハロー（後光）効果」という言葉を聞いたことがあるでしょう。「何か優れた点が一つでもあると、それに影響されて他の項目まで高評価になってしまう」というもので、人事考課者研修ではこのハロー効果に注意を促すべきと必ず教えられます。逆に言えば、それだけハロー効果は強力だということ。特徴がない人ほど、特徴のある人のハロー効果の犠牲になってしまうのです。

それに対抗するには、あなたにもハロー効果を引き起こす「何かに強い」というカードが必要になるのです。

⊙40代になったら「便利屋」からの脱却を

それを意識せず、「会社や上司が求めている成果を出し続ける」ことに注力すると、何が起こるか。得意なものではなく「余計なもの」が回ってくるのです。いわば「便利屋」です。得意でないものをいくらこなしても便利屋としての評価が上がるだけで、全体の評価にはつながりません。

できる40代は余計な仕事をやらず、自分の評価につながる仕事だけをやる。これがポイントなのです。

そのためにはまず、小さくてもいいので「○○さんは××が得意」というイメージ作りからスタートしましょう。さらに、出している成果をきちんとアナウンスする癖もつけましょう。まずは「比較的これなら強い」「比較的できるほう」というレベルで問題ありません。例えば「トラブルが起きたときの火消しならDさん」といったものでも、十分強みになります。

すると、次第に得意な仕事ばかりが自分に舞い込んでくるはずです。そこで実績を上げれば、社内のエキスパートとしての地位を確立することができますし、万一、転職することになった場合も「自分の強み」として明確にアピールできるのです。

Point

「会社に評価される仕事」ではなく、「自分の評価が上がる仕事」だけをしよう。

03

「自分の市場価値」を金額で把握しておく

仕事への不満、会社への不満から「転職」について考えたことのない人はいないはず。しかし、40代になったらもう無理なのでは……。

◉「転職35歳限界説」はもはや過去の話

今の40代は俗に言う「貧乏くじ世代」です。人口が多いために受験の競争率が高く、その結果、希望の大学や進路に進めずに涙を飲んだ人も多いでしょう。しかも就職活動の時期はバブル崩壊と重なった「超氷河期」。どこかの企業に入れた人はまだましで、現在でも社会問題となっている「非正規社員」が大量に生まれてしまった犠牲者世代なのです。

愉快ではない話はここまでにしましょう。ここから先は明るい話です。

超氷河期時代において、企業は採用を抑制してきました。その当然の結果として、多くの企業ではあなたの世代がごっそりと抜け落ちています。そのため、転職市場で今、かつてないほど40代が求められているのです。**「転職は35歳まで」という話は、昭和あるいは平成中期までの都市伝説**と言っていいでしょう。

最近の企業の年齢構成は、年齢が上がるほど人数が増えるという「逆ピラミッド型」が多いのですが、実際には40代が急激に減る「ワイングラス型」の企業も多いのです。つまり、どの企業もこの世代が足りない。だからこそ、中途採用で補充するしかないのです。

◉転職エージェントに会ってみるのもお勧め

その前提で皆さんにお勧めしたいことがあります。**「一度、真剣に転職活動をしてみる」**ことです。今の会社に不満があるかどうか、本当に転職をしたいかどうかは別に、冷やかしではなく本気で転職を考え、実際に行動を起こしてみるのです。

それによって、自分の本当の「市場価値」が見えてくるからです。

まずは転職サイトに登録し、自分の年齢・職歴・業種ではどんな求人が出ているかをチェックしてみましょう。実は転職市場では1200万円の価値があるのに今の会社では年収650万円の人もいれば、逆に転職市場では年収500万円程度なのに1000万円近くの年収を得ている人もいるかもしれません。

大規模組織のマネジメント経験者、コミュニケーション力のある技術者、英語のできる技術者、特定の国との海外ビジネスに精通している人、ＩＴ業界のプロジェクトマネージャー、システム監査の専門職あたりは、思った以上に転職市場での評価が高く、驚かれるかもしれません。

一歩進んで、実際に転職エージェントを訪れ、担当者と話をしてみるのもいいかもしれません。エージェントは規模の大きいところ、マネジメント層に特化したところ、特定業界に特化したところなど、複数訪ねるのがポイントです。

こうした活動の中で、実は本当にやりたかった仕事に出会えることもあるはずです。私の知っている人でも、40代からの転職で大いに飛躍した人がたくさんいます。

⦿価値が低かった人は「価値が上がる仕事」に特化すべき

ただ、大事なのはあくまで、「自分の市場価値を知る」ことです。それを知っているからこそ、自分はどんなキャリアを歩めばいいのかが見えてきます。転職をする、しないにかかわらず、自分の価値が高いと思えばそれは自信になりますし、低いと思えば高くなるよう努力すればいいのです。

その際、「どんな条件を満たせば市場価値が上がるか」を知ることが重要です。もし英語力なら英語を勉強すればいいし、「プロジェクトを率いた経験」が必要なら、自ら手を上げればいいのです。

逆に言えば、40代になったら、**自分の市場価値向上につながらない仕事はなるべく避けましょう。**限られた時間で「市場価値が向上する仕事だけを選んでやる」ことが必須なのです。

最後に一つだけ。実際の転職活動においては、最初に調べた市場価値よりずっと高い条件で転職が実現することも意外と多いものです。市場価値とは結局、需要と供給で決まるからです。「思ったよりも自分の価値は低いな」と思っても、悲観しすぎないようにしましょう。

もちろん、おおっぴらに転職活動をすると警戒されますので、そこだけはご用心ください。

Point

「自分は年収いくらで転職できるか」を一度調べてみることで、今後の仕事の指針が定まる。

04

自分を「レアカード化」する

40代になれば誰しも「得意な分野」や「強み」の一つや二つは持っているはず。しかし、それは差別化できる「レア」なものだろうか?

◉「自分の土俵」で戦えば、圧倒的に速く成果が出る

40代になったら必ずやっておくべきことの一つに、「自分が勝てる土俵を作る」ことがあります。どんな仕事でも成果を出すのが理想ではありますが、得意分野以外はどうしても効率が落ちるもの。**「この土俵では自分は会社NO・1だ」というものを自分で作り上げ、「それしかやらない」**のが、最速で成果を上げるポイントです。

これは、コンサルタントの世界の発想と同じです。例えば私なら「法人営業分野」の「新規開拓営業」が勝てる土俵ということになります。

単なる「経営コンサルタント」では、名だたるビッグネームや、マッキンゼーやBCGといったグローバルカンパニーに永遠に勝てません。ただ、「法人営業専門」となれ

ばかなり土俵は狭くなります。さらに「新規開拓」となれば、土俵はより小さく。そしてこの土俵内ならば、これまでさんざん飛び込み営業をやってきた経験もあり、著名コンサルティング企業にもそうそう負ける気はしません。「勝てる土俵」を自分で作って勝負するというのはこういうことです。

組織で働くにあたっても、「自分の土俵」を持っている人は圧倒的に強いです。例えば、私のよく知る人物に「ダメ営業パーソンを引き受け、再生させる」ことに関して無敵の実績を誇る営業管理職がいます。彼のチームは営業成績としては平均的なのですが、この強みにより、彼は社内で極めて高い評価を得ています。

一方、管理職になることを拒否し、3次元CADによるプラント設計について誰にも負けない技術を磨き抜いた40代エンジニアもいます。この人もまた欠かせない人物として重宝されています。

⦿ブルーオーシャンは「掛け合わせ」で探せ

ポイントは「どこを自分の土俵にするか」です。

40代ともなると、あなたの強みはすでに確立されているかと思います。ただ、その強みが「他の人も持っているもの」だと、埋もれてしまいます。マーケティングでいうところの「レッドオーシャン」ではなく、誰もいない「ブルーオーシャン」を目指すべきなのです。

テレビでおなじみの東進ハイスクールの林修先生は、学生時代から「数学」が得意で、最初は数学の講師だったそうです。ところが、当時の東進には大物数学講師がたくさんおり、どの科目ならトップに立てるかを考え、「現代文」を選んだそうです。

これぞまさにブルーオーシャン戦略です。自分の会社の中で誰もやっていないことは何か、独自性が出せる分野は何かという視点でぜひ、探してみてください。

この際、最も手っ取り早いのは、「合わせ技で一本」を狙うことです。

単独では「独自の強み」というほどのレベルではないけれど、それぞれを二つ、三つ合わせると「誰もやっていない強み」になるものです。歌も踊りも圧倒的ではないけれど、「歌って踊る」ことができればアイドルになれるのと同じです（もっとも最近のアイドルは、もう一つ二つ特技や個性がないと生き残れない時代になっていますが……）。私の「法人営業分野」の「新規開拓営業」もまさに、こうして生まれた強みです。

意外な組み合わせが強みになることもあります。私の知人に「顧客とネゴれる」「技術者」がいます。技術者は内向的なタイプが多いので、この人は現場で非常に重宝されています。

どうやったら自分は「レア」な存在になれるかといった視点から考えてみるといいでしょう。いわば**自分自身の「レアカード化」です。**「自分の職種と一番かけはなれたイメージはなんだろう」と考えてみることが、ヒントになります。「気さくな経理マン」「税理士資格を持つ営業マン」「国際感覚を持つ唎酒師《ききさけし》」……可能性はいろいろとあるはずです。

自分で「勝てる土俵」が思いつかないなら、信頼のおけるかつての上司や先輩、同僚、知人などに聞いてみるのも手です。自分の強みは意外と自分では見えていないことが多いもの。客観的なアドバイスにより「自分の土俵」が明確になることもあるのです。

Point

どうやったら自分を「レアキャラ」にできるか、真剣に考えてみよう。

05

「残りの人生ですべきこと」を三つ決める

40代になったらめっきり、時間が経つのが速くなっている気がする。残りのビジネス人生で何をすべきか、正直、焦りを感じる……。

⦿なぜ、年を取ると時間の進みが速くなるのか?

40代は人生の折り返し地点であると同時に、ビジネス人生の折り返し地点でもあります。社会に出てから、今日まであっという間ではありませんでしたか。しかし、**これからの後半戦は前半戦とは比較にならないくらい驚速で進行していきます**。ぼんやりと漂流していると、何もしないまますぐに時が過ぎてしまいます。

年齢を重ねるにつれ時間の進みが速くなるように感じるのは、これまでの人生の長さに比例しているからだそうです。6歳のときの1年は人生の6分の1ですが、40歳のときの1年は40分の1、70歳のときの1年は70分の1ということで、確かに理にかなっています。

だからこそ、40代になったら「残りの人生で何をするか」を絞り込み、時間をムダにしないようにすべきです。

その方法として、リクルートの大先輩であり、現在では教育の世界で活躍されている藤原和博さんに教わった方法を、ここではお伝えしたいと思います。これからの人生で**あなたが「手に入れたいもの」「やり遂げたいこと」「何を大切にして生きていきたいか」を三つ挙げ、それを円グラフにする**というものです。

もちろん、「手に入れたいもの」「やり遂げたいこと」「何を大切にして生きていきたいか」は、三つ以上あると思います。かつての志、「何がやりたくてこの会社に入ったのか」といった原点、身につけたスキルや知見を使って何ができるか、何をすることが自己実現につながるのかなど、まずは自由に発想して、思いつくままにリストアップしていってください。

どうしても発想が抽象的になってしまうようなら、「手に入れたいもの」を考えると、具体化しやすくなるはずです。

⦿「円グラフ」の効果は絶大！

そして、思いつくままに挙げた「手に入れたいもの」「やり遂げたいこと」「何を大切

あなたの人生の優先順位を円グラフ化しよう

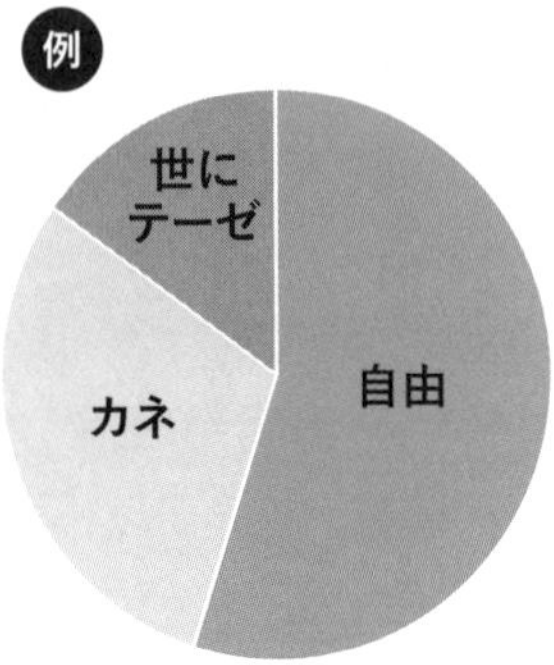

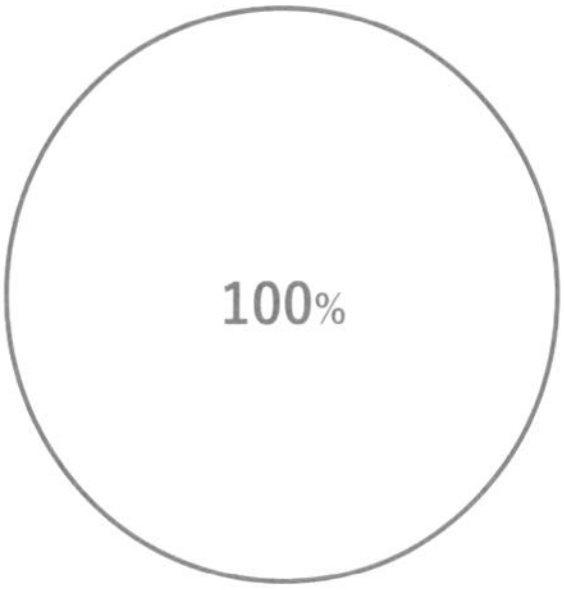

にして生きていきたいか」のリストを、上位三つに絞り込んでいきます。このプロセスが非常に重要です。これは**「あなたの人生の優先順位」そのもの**だからです。

絞り込み方は自由ですが、

「☆☆☆　絶対に残す」
「☆☆　残したい」
「☆　場合によってはカット」

など、星や数字で評価するとわかりやすいでしょう。

最後に、その絞り込まれた3項目に100点を按分《あんぶん》し、ウエイトづけします。そして、それを円グラフに描き出すのです。この**円グラフこそが、あなたが40代以降に時間を使う**

べき目安となります。

私が40代で描いたのは、「自由、カネ、世にテーゼ」の三つでした。自由のウエイトが半分強で、次がカネ、そして世にテーゼという順。これを常に目にするところに貼っておくとともに、年末など時間があるときに見直します。必要に応じて微調整してもいいでしょう。

結果、私は独立して好きな仕事を選んで働く「自由」を手にし、収入（カネ）もアップしました。「世にテーゼ」を意識して発信することで、念願の書籍を発刊することもできました。

その威力は絶大です。ぜひ、試してみていただければと思います。

Point

残りの人生で手に入れたいものを「三つ」に絞り、常に目の届くところに置いておこう。

06

40代はみな「じぶん商店」の経営者になれ

50歳も近くなると「役職定年」「出向」がちらつく今日この頃。果たして、「会社のために頑張る」のは正解なのか。今から準備すべきことは？

◉「会社しかない人生」の寂しさ

先日、高校の同窓会に出席した知人が、こんな話をしていました。

「メガバンクに新卒で入行し、53歳で融資先に出向になった同級生が、銀行最後の日にわざわざ本店の前に行って、記念写真を撮ってSNSに上げていた。出向になったというのに、まだそんなに会社のことを愛しているのかと愕然《がくぜん》とした……」

確かに、**どんなに会社のことを愛しても、会社があなたを愛してくれるとは限らないのが今の日本です。**50代になると役職定年や出向で年収がぐっと下げられ、定年後再雇用となると、給与は下手をすると新人並みに下げられてしまいます。

多くの企業では、50代になった社員に「セカンドライフ研修」といった定年後の人生設計を考えさせる研修を行うのですが、その際、研修の冒頭で今後もらえる給与や退職金の額、そして年金の額を伝えると、みなその低さにシュンとなり、その後の研修も上の空になってしまうそうです。

◉リクルートから数多くの経営者が生まれる理由

こうした事態に陥らないためには、40代のうちに一刻も早く「会社人間」から脱却することです。会社にしか自身のアイデンティティがないから、会社に「裏切られた」と感じ、やる気を失ってしまうのです。

ここで、私から提案があります。会社や組織に勤める人は、**「じぶん商店」の経営者だという意識を持ってほしい**のです。「○○株式会社××事業部の大塚」ではなく、大塚という「じぶん商店」を経営しているという意識に転換するのです。

私が所属していたリクルートは世に「人材輩出企業」として知られています。その要因として、当時、会社に掲げられていた「皆経営者主義」という言葉が、大きな影響を与えていることは確かだと思います。誰もが会社に雇われている一介の社員ではなく、「自分が自分の仕事の経営者だ」という意識を持って仕事をする。当時のリクルートはまさに「じぶん商店」の集まりでした。

だからこそ、リクルート出身者からはＵＳＥＮの宇野康秀氏、リンクアンドモチベーションの小笹芳央氏、ＬＩＦＵＬＬの井上高志氏、マクロミルの杉本哲哉氏ら著名な経営者が数多く輩出しているのでしょう。この伝統は今でも続いており、「スクー」の森健志郎氏、「ジモティー」の加藤貴博氏、「アソビュー」の山野智久氏など、今をときめく若手経営者も続々現れています。

◉じぶん商店とはドラッカーの「パラレルキャリア」と同義

別に起業をしなくても、自分のことを一つの「商店」であり、その「経営者」だという意識を持つだけで結構です。すると、現在の「株式会社〇〇の課長」といった自分の肩書すら、自分の稼ぎ口の一つに過ぎないことがわかります。一つの稼ぎ口にすべてをかけるのは、経営ではご法度《はっと》です。では、どのように稼ぎ口を増やすか。副業をするか。週末だけ起業してみるか。さまざまな選択肢が生まれるはずです。

これはまさに、ドラッカーが説く「パラレルキャリア」に他なりません。ドラッカーは著書『明日を支配するもの』で、これからのビジネスパーソンは本業以外の仕事を持ったり、ＮＰＯ活動などに従事したりして、「パラレルキャリア」を実現することが不可欠だと説いています。

言い換えれば、**会社の名刺以外に「2枚目の名刺」を持つ**、ということです。

私の周りの会社員にも、この「2枚目の名刺」を持っている人が数多くいます。週末のみレストランを経営している人、平日の夜を中心にセミナー講師として活躍する人、書籍やブログの著者として人気を集める人、など。こうした人は、会社から裏切られても、過剰に落ち込むことはないでしょう。さらにいえば、本業以外の活躍の場から得られた広い視点は、必ず本業にも生きるはずです。

実は企業経営者である私ですら、2枚目の名刺があります。先輩の立ち上げた「営業サプリ」というオンライン研修会社の社員の名刺を持っているのです。

会社のために「滅私奉公《めっしほうこう》」する世代と、自分を優先する世代のはざまに位置する40代は、会社との距離の取り方を迷いがちです。しかし、**会社のために全力を尽くせば一生面倒を見てもらえる時代はとっくに終わっています。**あなたの「片思い」になっていないか、会社との関係をぜひ、見直してみてください。

Point

「会社に片思い」をしても報われない。今すぐ会社以外の「2枚目の名刺」を持とう。

07

「月7万円稼げる副業」を持つ

大企業も続々と「副業解禁」を打ち出す時代。この波に乗るしかないと思いつつ、何をやったらいいのかわからない。最初にすべきことは何？

⊙会社の「副業禁止」には、どこまで従うべきなのか？

先ほどの項で、会社人間から脱却するためには「2枚目の名刺」を持つことが大事だと述べましたが、その一番わかりやすい例が「副業」でしょう。私はぜひ、40代になったらあらゆる人に「副業」を手がけてほしいと考えています。

最近は副業を解禁する企業も増えてきていますが、「うちの会社はまだ禁止」というところも多いでしょう。しかし、就業規則をよく読んでみてください。実際には「副業の禁止」というより、「本業に影響を与えないようにする」「同業他社では働いてはいけない」といった「副業の制限」に近いものも多いのではないでしょうか。

ちなみに私は自分の研修で、現役ビジネスパーソンに話をしてもらうことがあり、些《さ》少《しょう》ながら御礼を支払っています。あとで「副業をした」と指摘され迷惑をかけると悪いので、その人の属する会社の上司や人事に、事前に許可を取るようにしています。

その際、いつも言われるのは、「副業がOKかどうかは内容次第」ということでした。例えば、「キャバクラなどで働くのはNGだが、研修講師ならOK」という具合です。これが、会社としての落としどころなのでしょう。

⊙大事なのは金額じゃない。でも、目標金額は絶対に必要

副業で成功する人を見ていると、「コツ」があることに気づきます。それは、**「実現可能な収入目標を決めて副業に取り組む」**ということ。具体的には「月7万円」くらいがちょうどいいようです。

副業を行う一番の目的は「2枚目の名刺を持つ」ことであり、収入の多寡《たか》にそれほど意味はありません。それでも「とりあえず1000円でも得られればいい」というレベルの低い目標設定だと、モチベーションが湧かず、忙しさにかまけてつい副業をあと回しにしてしまうのです。かといって高すぎる目標を立てると、それに追われて本業がおろそかに。

月7万円ならば十分に手が届く上に、家計の足しとしても十分です。しかも、「旅行」

「子供へのお小遣い」など明確な使い道が見えるので、モチベーションにつながりやすいのです。

◉「小さな会社を買ってしまう」という手も

かつてはハードルの高かった副業も、デジタルトランスフォーメーション（DX）時代の到来で、誰もが気軽に始められるようになりました。最大のハードルであった集客も、今では企業と個人、あるいは個人と個人をつなぐサイトがたくさん登場し、驚くほど容易になっています。

例えば、40代ワーキングウーマンのJさんは週末にフラワーアレンジメント教室を開催し、趣味と実益を両立しています。本格的な手芸教室を副業として行っている人もいます。こうしたクラフト系の副業については、先生と生徒をつなぐ「Craftie」といった専門サイトなどもあり、始めやすいものの一つと言えます。

その他にも「教える」というニーズは無数にあります。「ストアカ」のような、誰もが気軽に講師になれる場もあります。こうしたサイトを参照しつつ、**自分のスキルや経験でどんなことを教えることができるか、一度考えてみる**といいでしょう。プレゼン資料作成やエクセルの使い方など、ビジネス経験が生かせるテーマはたくさんあります。

最後に一つ、少々高度な「裏ワザ」を紹介しましょう。外資系企業に勤務するTさんは、いわゆる「事業承継M&Aサイト」をチェックし、そこに出ている有望な会社や店舗の所有権を買い取るのだそうです。このサイトには、業績は良好でも、後継者不足のために売りに出ている企業が数多く掲載されており、後継者と資金さえあれば十分に儲けを得ることができるということです。実際、この投資により、月に16万円ほどの利益を上げているそうです。

実はアメリカには以前から、こうした零細企業や店舗を売買する仕組みがありました。日本でもやっと、こうした事業承継型のマイクロM&Aが市民権を得つつあるのです。

Point

「月7万円を稼ぐには?」という発想で、どんな副業ができるかを考えてみよう。

Column

40代「お金の後悔」①

永遠の論争――持ち家か賃貸か？

「持ち家か賃貸か」というテーマは、マネー誌などで何度も取り上げられている「究極の選択」です。リクルート住まいカンパニーの調査によれば、2017年の首都圏新築マンション購入者の世帯主平均年齢は38・6歳とのことですが、平均がこの年代ということは、40代でもまだ「持ち家か賃貸か」の結論が出ていない人も多いということでしょう。

はっきり言って、この論争に答えはありません。時代背景やその人のライフプラン、あるいは価値観によってベストな選択は違ってくるからです。

ただ、購入したこと、あるいは賃貸のままでいたことを「後悔した人」の話は、参考になるのではないかと思います。そこで、私がかつて聞いたお話をご紹介したいと思います。

まずは「買わなかったことを後悔している」人の例です。

航空会社に勤務するUさんは結婚してから15年間ずっと、16～18万円ほどの公営住宅に住み続けていました。

共働きで可処分所得はそれなりにあったので、当然、住宅を購入するという選択肢もあったのですが、当時、マンション価格がずるずると下がり続けており、「もっといい物件が出るのでは」と、判断を先延ばしていました。

結果、公団住まいが予想以上に長くなり、その間に支払った家賃を計算してみたところ、総額3000万円を超える金額に達したのです。中古物件が買えてしまうくらいの金額です。

Uさんは「もっと早く決断しておけばよかった」といまだに後悔しているそうです。

一方、40代直前でマンションを買ったWさんは、「買ったことを後悔した」派です。月々の返済を抑えるため10年固定、ボーナス併用、元利均等返済での25年ローンを組んでマンションを購入しました。

最初の誤算は、月々の管理費、修繕積立金の負担が予想以上に大きかったことです。マンションの購入価格だけを見ていると、ここをつい軽視しがちです。

そして、10年後。金利が固定から変動になりました。幸い、金利は下がっていたのですが、改めてこれまでの返済履歴を見たWさんは愕然としました。

ローンの「元本」が驚くほど減っていなかったのです。つまり、この10年間はほぼ、金利の支払いだけに費やされたということです。

もちろん、それが「元利均等返済」の特徴であり、元本を減らすことを重視するなら「元金均等返済」にしておくべきだったのですが、その違いを意識していなかったWさんは、あまりの徒労感に「買わなければよかった」と後悔したそうです。

難しいのは、住宅の問題は今ではなく、このように10年後、20年後にやってくるということです。先を見据えた判断が必要になるのです。

結局、どちらがいいかの答えはないのですが、今回の例から言えることとしては、**「どちらにするにせよ、決めるなら早めに」「住宅ローンの仕組みをよく理解しておく」**ということになるでしょう。

ある不動産会社の役員によれば、定年までは社宅に住むなどしてコストを徹底的に浮かせ、定年直後にキャッシュで中古住宅を買う、という方法がお勧めとのことでした。賃貸か購入か、という選択肢以外もあるというわけです。

第2章

【会社編】
「ダークでディープな組織」を上手に泳ぐスキルを身につけよ

01

「上を目指すか、出世を捨てるか」一刻も早く決断する

「7割が課長になれない時代」。もちろん、出世できるに越したことはないが、出世のためにあくせく働くのもカッコ悪いような……。

◉「出世したくない人」が増えている

「出世」という言葉は、以前と比べネガティブに使われることが増えているようです。価値観の変化により、「課長になんてなりたくない」「管理職をやるのは面倒だ」と、出世しない生き方を志向する人も増えてきました。

最近では特に、エンジニアやＩＴ技術者の間でこの傾向が顕著です。「そもそも、人とのコミュニケーションが苦手でこの業界に入ったのに、管理職になって人のマネジメントをするなんてまっぴら」という人が少なくないのです。

一方で、出世しなければ大きな仕事ができないのもまた事実です。

どちらを選ぶかは価値観の問題です。ただ、40代になったらなるべく早めに**「出世を目指すのか目指さないのか、自分の中で決断する」**必要があります。

最悪なのは「どちらも選ばないまま、ずるずると仕事を続ける」ことです。出世を目指すなら、リーダーシップやマネジメント能力、物事を俯瞰《ふかん》する能力などが不可欠です。一方、出世を目指さないのなら、一刻も早く「ある分野のプロ」を目指すべきです。そこが曖昧《あいまい》なままこの**貴重な10年を浪費してしまうと、50代になって「立場も低ければなんの専門性もないお荷物社員」になってしまう**のです。

今は「7割が課長になれない時代」と言われます。厚生労働省「賃金構造基本統計調査」などを見ると、確かにそれが現実のようです。1990年代は約半数が課長になっていたといいますから、管理職の椅子は年々減ってしまっているのです。

⦿一流の社長はみな、40代から「社長になる」と決めていた

もし、あなたが「出世を目指す」と決めたのなら、「自分がどこまで目指すのかを明確にしておく」ことです。課長までなのか、部長までなのか、役員までなのか、あるいは社長を狙うのか。そして、その立場になるにはどういった能力が必要かを考えながら、

仕事をしていきます。

仮に社長を目指すならば、今から常に全社的な視点を持って仕事を進めていく必要があるでしょう。大手企業でトップまで上り詰めた人に話を聞くと、多くの人が「若い頃から社長になると決めていた」とおっしゃいます。だからこそ必要な能力が身につくのでしょう。

40代という年齢は、いわゆる「出世レース」の最終局面です。逆に言えば、この年代ならまだ勝負ができるということです。

◉出世を目指すか、目指さないのか。中途半端が一番ダメ

一方、もし出世を選ばないのなら、**「自分はどの分野でプロを目指すのか」**を明確にしておくべきでしょう。そうすれば社内での地位も確保でき、転職の際も有利になります。

外食企業で働いていたIさんは、40代で「仕事ばかりでやりたいことができていない」と気づき、出世の道を断ってプロとして生きていくことを決意。その後、「ヒマラヤに登りたい」という夢をかなえるために退職したのですが、他社がIさんを放っておかず、別の大手外食チェーンから声がかかり、それまで以上の年収を確保することがで

きました。60歳を過ぎた今も楽しそうに働いています。

もし、自分が出世を目指さないのなら、早めに上司や人事にその旨を伝えておくべきでしょう。もし、そうしたキャリアパスが自社にないのなら、自分が第一号としてその道を作ってしまう、というのも手です。

もし、そんなあなたに上司や人事が「ぜひ管理職をやってほしい」と言ってきたら、せっかくの評価ですから、それに乗ってみるのも手です。

どちらにしても、ともすればネガティブに捉えられがちな「出世」と真剣に向き合うこと。それが40代には求められるのです。

Point

出世を目指すも目指さないも自由。ただし、「出世のことは考えない」という態度だと、いずれ後悔する。

02

個人スキルを捨て「組織スキル」を優先する

30代までは順調に出世してきたのに、40代で頭打ち。そして、自分より能力が低い人間が出世していく……。なぜ、こうなってしまったのか。

◉30代の意識のままでは、40代で必ず行き詰まる

「組織ってのは、仕事ができる人が出世するわけじゃない」

ある企業の幹部が、40歳になったばかりの後輩課長に説いていた言葉です。私もこれまで数多くのビジネスパーソンと出会ってきましたが、この言葉はまさに真実だと痛感します。

逆に言えば、**「仕事はできるのに、40代になって出世や昇格が止まってしまう人があまりにも多い」**のです。

30代まではいわゆる「仕事のスキル」がある人が出世していきます。「仕事が速くて

正確」「必ず数字を達成する」「ヒット商品を次々企画する」などです。

しかし、そうした仕事のスキルで出世できるのは、あくまで30代まで。40代になったらむしろ「組織のスキル」を備えた人が出世していくのです。

では、組織スキルとはどういったもので、具体的には30代とどう変えるべきなのか。以下、対比しながらご紹介していきたいと思います。

①「何がなんでも数字を上げる」から「役割を全うし数字を上げる」へ

端的に言えば、会社や上司から「何を期待されているか」をキチンと把握し、そのポイントに沿って成果を上げるということです。例えば、会社が「顧客満足度重視」という方針を立てたなら、無理な押し込み営業などを避けつつ、成果を上げねばならない、ということになります。

30代までは、「どんな手を使ってでも数字さえ上げればいい」という考え方でも通用したかもしれません。ただし、40代になってもその姿勢のままでは、せっかく数字を上げても、「方針を乱す人間」として評価を下げられる恐れがあります。実際、私はこれまで、そういう人を何人も見てきました。

②「理不尽に歯向かう」から「一つでもプラスを生む」へ

上から降りてきた目標は、しばしばとんでもなく高いものです。ただ、そこで「できない理由、難しい理由」を並べ立ててゴネるのではなく、「せめてこれだけは達成する」と前向きに取り組む姿勢が大事だということです。

例えば、「売上目標は無理でも、せめて新規開拓率目標だけは達成する」「来期に向けて組織体制だけは整える」など、何か一つでも達成する姿勢を見せる。そうすれば、仮に目標額には届かなくても、その前向きな姿勢が評価されることがあるのです。こうした姿勢を上は意外と見ています。

③「部門の壁を突破！」から「根回しして調整」へ

組織においては常に、部門間の二律背反《にりつはいはん》、トレードオフ関係というものが発生します。ときにそれは「部門間の対立」という形で表面化することもあります。

それこそ、30代まではドラマ「半沢直樹」のように、こうした壁を強行突破して成果を上げる人が評価されたかもしれませんが、40代で対立する相手を土下座させるような社員は、「空気が読めない人」と判断されます（実際、ドラマでは半沢は出向になります）。

むしろ必要になるのは調整能力です。事前に各部門や上司、トップなどに根回しをして、角を立てずに物事を進めていく能力が必要となるのです。

根回しというと聞こえが悪いですが、実際には全体を俯瞰《ふかん》し、状況を分析し、全体最適に向け関連部門のベクトルを合わせていくという高度なスキルです。経営トップには必須であり、早めに身につけておくに越したことはないのです。

④「上司を批判」から「上司とベクトルを合わせる」へ

40代になったら絶対に口にすべきではない言葉、それは「上のやり方は明らかに間違っている」「上司はこう言っているけど、俺はこう思う」です。

若いうちなら、「上司に立てつく部下」が周りから支持されることもあるでしょう。しかし、40代の社員は、若手からすれば「会社側」の人間です。そんな人が会社や上司を批判したところで、「じゃあ、あなたが上司をなんとかしてくれよ」と困惑されるだけです。

正直、合わない上司、無能な上司、人間的に問題のある上司もいるでしょう。でも、40代になったら上司や会社への批判は一切口にしないようにしましょう。飲み会ネタの鉄板でもありますが、どんな席でもやはり、口にすべきではありません。

もちろん、コンプライアンスに反するような上司なら別ですが、そうでない限り、明らかにおかしな方針に対しても、手を変え品を変え、ベクトルを合わせていかねばならないのです。

「何を弱気な」と思われるかもしれません。しかし、能力はあるのに上司や会社への批判を繰り返したことで、左遷されたり会社を追われたりした人を、私はあまりにも多く見てきました。まさに「短気は損気」という言葉に尽きるのです。

⑤「社内の人とはつるまない」から「社内ネットワークを充実」へ

これは特に優秀で意識の高い人に多いようですが、社内の仲間と「つるむ」ことを嫌い、社外人脈を充実させようとする人がいます。そして「俺はあの人とつながっている」「社外ではこんなに有名人だ」などとうそぶくのです。

確かに、社外人脈は重要です。ただ、40代になったら「社内人脈」もないと、仕事はうまく回りません。

できる40代ほど、自部門はもちろん、他部門の管理職、そして一般社員までのネットワークを持っています。だからこそ、何かあったらすぐに相談することができ、根回しもできる。結果、問題をスムーズに解決することができるのです。

一方、社外人脈ばかりを意識して、社内を下に見ていた人は、40代を迎える頃に一斉に「総スカン」を食らい、孤立することになるのです。

さて、ここまでご紹介してきた組織スキルについて「なんだかちょっとカッコ悪いな」と思われた方も多いのではないでしょうか。確かに、「会社に頼らず生きていけ」「自分のブランド力を高めよ」というタイプの本やセミナーでは、こうした能力はしばしば、否定的に語られます。

確かに、それで成功する人もいますが、あくまでごく一部のずば抜けて能力の高い人に限ります。そしてそういう人でさえ、結局は組織を追われてしまうことも多いのが現実なのです。**「カッコつけて失敗する」か「カッコ悪くても成果を出す」か、あなたはどちらを選びますか**、ということなのです。

Point

「尖ったスキル」は30代で捨て、「カッコ悪いけど重要な組織スキル」を身につけよう。

03

悪口は封印。決して「敵」を作らない

映画や小説には「ライバル」が不可欠。その存在により成長するのもまた事実だ。しかし、40代になると「ライバル」が負の影響をもたらすことも?

⦿「あの部門に負けるな!」が深刻な問題に発展!?

20代、30代にとって「敵」あるいは「ライバル」はプラスに作用します。「あの人には負けたくない」「あいつを見返してやる」という意識が、個人のパフォーマンスを高めてくれるからです。

ただし、30代後半から40代になると、潮目が変わります。「個人としてのパフォーマンス」から、部や課など「チームとしてのパフォーマンス」を最大化することを期待されるようになるからです。個人戦から団体戦へ種目が変わるのです。

この潮目の変化を見逃すと、大変なことになります。例えば、**「あの部門には絶対に負けるな」「本社を見返してやれ」といった檄《げき》が逆効果になり、部門間対立や主導権争**

い、派閥闘争などに発展してしまう危険性があるのです。

こうした抗争は勝っても負けても感情的なしこりが残り、ことあるごとに争いが再燃するという負のスパイラルに陥ります。その結果として経営破綻にまで至った企業を、これまで何社も見てきました。

⦿「エース」と呼ばれる人ほど、実は「見えない敵」が多い

では、具体的にどうすればいいかというと、月並みですが**「他人や他部門の悪口を言わない」ことに尽きます。**部門トップの立場で「あいつらのやっていることは時代遅れだ」「あの部門は非効率極まりない」などと公言すると、その話は必ず伝わり、部門間のしこりとして残ります。わざとそういう話を注進し、社内の混乱をあおる人間もいます。内々の場であっても、発言には十分に気をつけましょう。

もう一つ怖いのが、「嫉妬《しっと》」です。できる40代にとって敵は作ろうとしなくても「できてしまう」のです。

ある企業で部長を務めるAさんは、若くして実績を上げ、海外の新規プロジェクトの責任者に抜擢されたエースでした。しかし、その直後にリーマンショックが発生。Aさんの海外プロジェクトは撤退を迫られました。

そのとき初めて、Aさんはいかに多くの人が自分の「敵」だったかに気づかされたそうです。「人の不幸は蜜の味」ではありませんが、Aさんにジェラシーを感じていた多くの人は、彼の失敗をむしろ喜んでいたのです。

最終的にはその状況を乗り越えたAさんですが、管理職に就く後輩にはいつも、**「組織社会は1人に認められたら、7人の敵ができる」**と諭《さと》しているそうです。本人の体験があってこその、説得力のある言葉です。

そう、40代からは「できてしまう敵」、特に仕事のできる人は周りからのジェラシーに気をつけなくてはなりません。「出すぎた杭は打たれない」などとも言われますが、実際にはジェラシーというウイルスが、杭の根元からじわじわと侵食してくるのですから厄介です。

⦿「人望というワクチン」は、日々の改善からしか得られない

では、ジェラシーに足を引っ張られないためにはどうしたらいいのでしょうか。再び月並みな言葉で恐縮ですが、「人望」を高める他ありません。「人望のある人」という評価を得ることで、足を引っ張ろうとする側も、悪口や陰口を言いにくくなります。批判した自分が悪者にされる恐れがあるからです。

「人望」は一朝一夕《いっちょういっせき》に生まれるものではありません。何かの結果の蓄積が「人望」と表現されるものであり、こうすれば人望が高まるという方法があるわけでもありません。

それでも、40代になったら「自分には人望があるだろうか」と、ときに自分を顧《かえり》みてください。身の周りにいる「人望のある人物」と比べてみるのもいいでしょう。

その結果、「自分にはちょっと人望が足りないな」と思うなら、その原因となっている行動を一つでいいから変えてみましょう。例えば、「どうも忙しいとピリピリしがちだ」「部下の発言をさえぎって話してしまうことが多い」というのなら、それを一つひとつ改善していくのです。

年齢を重ねて物腰が柔らかくなった人に対して「あいつも丸くなってしまったな」と言われることがありますが、それで全然OKです。**40代にもなって尖ったままの人間は誰からも迷惑がられ、結局、結果を出すこともできない**のです。

Point

できる人ほど「見えない敵がいる」と思え。常に謙虚に、人望を集めよ。

04

40代は「アンチモデル」から学べ

若い頃は「憧れの人物」がいたもの。しかし、最近はどうも人の悪いところばかりが目立つ。仕事の「ロールモデル」はどこに求めればいいのか。

◉ロールモデルが持ちにくい時代に

「ロールモデル（見本）となる人物を持て」とは、よく言われることです。確かに、何か問題が起きたときや迷いが生じた際に、「かつての上司の○○さんだったら、こういうときにはこうしていたはずだ」という指針があれば、どれだけ心強いことでしょうか。

身近な人ではなく「憧れの人」をロールモデルに持つことで、より短時間でそこに近づくことができるという効果も期待できます。渋谷のライブハウス「La.mama」で聴いたスピッツを敬愛し、自らもスターダムにのし上がったミスチルのようなものです（ちょっと古い例ですが、40代ならわかってもらえるのでは……）。

ただし、今の時代、「働き方改革」や「コロナ禍によるテレワーク」など、新しい働き方が求められることもあり、従来のロールモデルが通用しなくなっている面もあります。

「パワハラ防止法」も施行された今、かつての上司の指導法をそのまま真似したらパワハラになってしまう、という恐れもあります。昭和の名経営者の自伝や、その部下だった人の体験記を読むと「1日中怒鳴りつけられていた」「殴られた」などという話が頻発しますが、さすがに今では許されないでしょう。

⦿反面教師は強力な「学び」になる

そこで私がお勧めしたいのが、**「こういう人にはなりたくない」という「アンチモデル」を持つこと**です。これは、特に40代の人にこそ意識してほしいことです。

40代ともなれば管理職として活躍することが求められますが、管理職は多くの部下から見られる立場です。長所を伸ばすだけでなく、短所をなくすことが求められます。その際、「人の振り見て我が振り直せ」ではありませんが、アンチモデルが反面教師として役立つのです。

例えば、あなたの周りには「決められない」「自分の頭で考えない」といった優柔不断な人物や、「気分でモノを言う」「都合の悪いことを言われるとムキになって反論してくる」「すぐにふてくされる」ような不安定な人物、「責任を取らない」「二階に上げてハシゴを外す」「手柄を独り占めする」といった無責任な人物がいませんか。

そういった人物を見て「嫌だな」と思うだけでなく、アンチモデルとして「自分もそうなっていないだろうか」と見直す機会にするのです。

アンチモデルにはもう一つ、効能があります。こうした「嫌な人」と接すると、こちらも嫌な気分になるものです。しかし、**嫌いな人物をアンチモデルとして「学びの対象」とすれば、その人と接する苦痛が緩和される**のです。

「アンチモデルになるような典型的なダメ人間は、私の身の周りに存在していない」というのなら、複数の人物からそうした断片的な問題点を集めてアンチモデルとするのもいいでしょう。どんなに立派な人でも、「ここを直せばいいのに」という箇所があるはずですから。

⦿ロールモデルは攻め、アンチモデルは守り

とはいえ、もちろんロールモデルを持つことも重要です。

「ロールモデルの効用はわかっているけど、アンチモデルと違って身近にいないから、

困ってるんでしょ」と突っ込みたくなる人もいるでしょう。ならば、アンチモデルと同様に、複数の人物からの断片的な「いいとこ取り」でもかまいません。

あるいは、社内や身近な人に限定する必要もありません。取引先やセミナーで出会った人でもいいですし、感銘を受けたビジネス書の著者でもいいのです。

もっといえば、京セラの稲盛和夫さんや日本電産の永守重信さん、ソフトバンクの孫正義さんのような名経営者でもいいですし、歴史上の偉人だっていいのです。

ロールモデルが40代のキャリア形成のための「攻めの方策」だとすれば、アンチモデルは「守備的方策」。その両方を持つことが、あなたのビジネス人生の支えになってくれるのです。

Point

40代は「短所を直す」時期。「嫌なやつ」「ダメなやつ」の存在が役に立つ。

05
ピンチの際は「誰かに試されている」と考える

組織においては「まさかの異動」「まさかの降格」といった不条理はつきもの。だが、この瞬間にどういう態度を取るかが将来を決めるとしたら……？

◉突然の降格にひと言の文句も言わず

全国規模で事業を展開するある企業の主要支店で、土木部門の営業部長を務めていた40代半ばのDさんは、ある日、本部長から突然、「営業部長を外す」という辞令を言い渡されました。

業績が低迷していたわけではなく、思い当たる節のまったくない突然の降格。ただ、Dさんは「なぜ、自分が……」という言葉を飲み込みました。このとき、亡くなった父親の「サラリーマンは何があっても絶対にふてくされるな。捨て鉢になったら終わりだ」という言葉を思い出したそうです。

そして、その後も粛々《しゅくしゅく》と業務を続けました。もちろん、内心は穏やかではなく、何度も「辞めてしまおうか」という衝動に駆られたそうです。

それから1年後。Dさんに再び、元の営業部長復帰の辞令が下りたのです。

実はこのとき、各事業所から営業部長のポストをなくし、本社の土木事業部が一括して管理するという体制を実験的に導入していたのです。そして実験が終わり、元の体制に戻った。つまり、本当は降格でもなんでもなかったのです。

それから8年後、Dさんは取締役に就任しました。Dさんのそのときの「胆力」を評価していた人がいたのです。

おそらく、他の営業部長は「なぜ、自分が？」と詰め寄ったり、ふてくされたりした人が多かったのでしょう。だからこそ、何も反論せず、粛々と仕事をこなしたDさんの胆力が際立つことになったのです。

⊙「ブチ切れ」でエリートコースを棒に振った社員

それと対照的な事例があります。某企業でエリート街道を突っ走っていたEさんです。

Eさんの会社では、40代の管理職から将来の経営幹部候補を選び出す研修を実施しており、彼もその候補に選出されていました。数年にわたる長期プログラムで、コンサル会社や研修会社が何社も参加する一大プロジェクトです。Eさんはこの研修の間、常に最有力候補と言われていました。私もこのプロジェクトに参加していたのですが、確かにEさんは極めて優秀でした。

ついに最終選考を迎えようとしたとき、ある「事件」が起きました。

実はEさんの上司である役員が、最終選考前にEさんに「当確」の情報を流していたのです。しかし、現実には最後の最後でどんでん返しとなり、Eさんは最終選考から漏れてしまったのです。

当確からのまさかの落選に、Eさんは激昂《げきこう》。上司は平謝りで、ついには最終選考で選ばれれば昇給したであろう1万円札3枚をEさんのスーツにねじ込む始末です。その後もしばらく、Eさんのふてくされた態度と言動は誰の目から見ても明らかでした。

もちろん、上司にも問題があったでしょう。しかし、上司に激昂する姿や、その後のふてくされた態度を、誰もが見てしまいました。結局、その後、Eさんに出世のチャンスが再び与えられることはなかったのです。

⦿ピンチが来たら「覆面調査」だと思おう

仕事をしている以上、「まさか」の事態が降りかかることは多々あります。それが意に沿わないものであればあるほど、負のエネルギーは膨大になるでしょう。

しかし、そのネガティブなエネルギーを飲み込んだDさんと、爆発させてしまったEさんで、その後の結果は天と地ほども違ってきてしまったのです。

感情をコントロールできるかどうかは、40代にとって大きなポイントです。20代であれば感情を爆発させても「まだ若いから」「元気があっていい」と思ってもらえるかもしれませんが、40代はそうはいきません。逆境のとき、ピンチのときこそ、あなたがそれにどう向き合うかを必ず誰かが見ていることを忘れないでください。企業によっては、幹部候補にあえて試練を与えるようなところもあります。

お勧めしたいのは、**ピンチに陥ったときは常に「あ、これは覆面調査だな」と思うこと**です。誰かが見ていると思えば、きっとブレーキが利くはずです。

Point

不条理なときこそ「誰かに試されている」と考える。決して感情的になってはならない。

06 上司に好かれるより、部下に認められることを目指す

「会社の人口ピラミッドの中間」に位置する40代は、ベテランと若手の板挟み世代でもある。どちらか一方を優先しろと言われたら、あなたはどちらを取る……？

◉上司はあと10年もしたら消える。だが、部下は？

若い頃からのすり込みで、どうしても40代のビジネスパーソンは「上司」の顔色をうかがう習慣が身についてしまっています。意識せず、「顧客ニーズ」より「上司のニーズ」を優先させる傾向すらあります。

40代になったら、一刻も早くこの意識を切り替える必要があります。

30代までは、社内での人間関係は上司や先輩が中心だったかもしれません。しかし、40代ともなれば、上司・先輩と部下・後輩の数はほぼ半々のはず。ならばせめて均等に関心を、と言いたいところですが、私はむしろ、**「40代になったら上よりも下に好かれることを目指せ」**と言い切りたいと思います。

あなたの仕事の業績を引き上げてくれるのは、上司ではなく部下や後輩だからです。いくら上司の覚えがめでたくても、実績の上がらない人を引き上げるわけにはいきません。また、その上司が失脚すれば、一緒に失脚する羽目になるでしょう。

長年にわたって染みついた「上の顔色を見る」という習性は、なかなか抜けないかもしれません。しかし、**社長だろうと役員だろうと、あと10年もすればいなくなっている**可能性が高いのです。

一方、部下や後輩との付き合いはあなたが辞めるまで、ひょっとすると辞めたあとも続きます。どちらを優先すべきかは明白でしょう。

⦿媚を売るのではなく「関心を持つ」。それだけでいい

別に部下に媚《こび》を売る必要はありません。「関心を持つ」、これだけで十分です。有名な「愛の反対は無関心」という言葉は、組織論でも真理なのです。

アメリカのＤＶに関するある調査では、暴力による虐待よりも、「無視」のほうが子供の知的能力に影響を及ぼすという結果が出ているそうです。組織においても同じです。部下や後輩が「この人は自分には無関心なんだな」と悟ったとたん、感情のエネルギーがゼロになり、仕事のやる気は失われます。むしろ、上司に反感を持つ人のほうが、

「負のエネルギー」が生まれ、仕事のやる気が出るのです。

関心といっても、「Aさんは仕事ができる」「B君はイマイチだ」ということではありません。まずはそれぞれの「人となり」を知るところからスタートしてください。どんな幼少時代、学生時代を送ってきたのか。何がやりたくてこの会社（組織）に入ったのか。仕事やプライベートでどんなことを大切にしているのか。こうしたことを日常的なコミュニケーションの中で把握していくのです。

ところで、あなたは「部下の名前を漢字で、フルネームで」書けますか。人望あるリーダーの多くは、スラスラと書けるものです。関心を持っているからこそ、部下の名前も自然と把握しているのです。もし、あなたが**部下や後輩のフルネームを漢字で書けなかったら「関心が足りない証拠」**だと考えてください。

自分に対して関心を持ってくれていることを、人は敏感に感じ取ります。そして、それがあなたへの信頼や好意につながっていくのです。

◉ビジネス人生後半戦は「後輩との関係」で決まる

「上司よりも部下を優先する」ことには、実はもう一つ、大きなメリットがあります。それはあなたの「定年後」に関してです。

定年後の再雇用の際、「部下からの人望が厚かった人物」と「上ばかり見てきた人物」とでは、待遇に大きな差が出てくるのです。待遇といっても賃金ではなく、与えられる仕事の重要性ややりがいなどです。後輩に頼られながら楽しく仕事をするか、お荷物として冷遇されながら過ごすか。**あなたの定年後再雇用の環境は、かつて部下だった人物の胸先三寸で決まる**のです。

さらに、定年後に「顧問」として採用してもらうという道も開けます。ある分野に強いのはもちろん、「若手とうまくやれる」ことは、顧問の重要な条件です。週に数日出勤し、報酬は10数万円というところが多いのですが、数社を掛け持ちして生き生き働いている人も多いものです。

また、40代以降の再挑戦に際し、若手とタッグを組むという道もあります。50代で岩瀬大輔氏とともにライフネット生命保険を立ち上げた出口治明氏は、その好例でしょう。若い人との人間関係は、あなたの人生を広げてくれるのです。

Point

あなたは「部下・後輩」のフルネームが漢字で書けるか。できないなら今すぐ「関心」を持とう。

Column

40代「お金の後悔」②

代表的な五つの「やめておけばよかった……」

何かとお金が必要な40代。だからこそ、「お金の後悔」を抱えている人は多くいます。ここでは、私がこれまで聞いてきたそんな話をご紹介したいと思います。

・「サラ金に手を出さなければよかった」

教育費などで日々の生活費が枯渇《こかつ》し、ついついサラ金に手を出し、その高額な金利負担に苦しめられたという人は数多くいます。

・「安易にリボ払いやカードローンを利用しなければよかった」

手軽なためについつい利用しがちですが、高金利な上に、実は割賦《かっぷ》の取り立てが一番厳しいのだそうです。

・「生活資金と余裕資金を区別しておけばよかった」

生活資金とは日々の生活に必須のお金。一方、余裕資金とは今すぐ必要ではないお金、外食や旅行など、「余裕があれば使いたい」お金のことを指します。

20代や30代までの感覚でこの余裕資金を使っていると、お金が貯まらないどころか赤字になりかねません。あとになって「資産がまったく増えていない」ことに気づき、後悔している人は極めて多いのです。

・「もっと自分で考えて投資をすべきだった」

この低金利時代、銀行に預金するくらいなら投資を、という選択肢は十分ありですが、よくあるのが「営業マンに言われるがままに投資してしまった」という後悔です。

本来、投資とはコンセプトを決めて行うべきものです。「資産を守りたい」ならリターンは低くても安全なものに、「思い切り増やしたい」のなら、リスク覚悟で攻めの投資を行うことになります。そこが定まっておらず、営業マンに勧められるままに投資商品を買って失敗する。それが最も後悔するパターンなのです。

・「うますぎる話に乗らなければよかった」

40代の「お金」にまつわる後悔の筆頭とも言えるのがこれです。

特に多いのが「投資用マンション」で、約束されていたはずの利回りが保証されなくなったり、入居者や店子がつかなくなったりという話を数多く聞いてきました。

これもまた、営業パーソンの「うまい話」を信じて、勧められるままに物件を増やしてしまった人などに、失敗例が多いようです。不動産投資が悪いわけではありませんが、「世の中にそれほどうまい話などない」ということを頭に刻んでおくべきでしょう。

私の知人に、某メガバンクでMOF担（旧大蔵省、財務省を担当する旧都市銀行の部門を指し、金融エリートの総称でもある）を務めてきた「お金のプロ」Yさんがいます。彼のお金に対するアドバイスはごくシンプルです。

・事前によく考え、失敗しても後悔はしない
・住宅ローン以外のお金は借りない

もう一つのアドバイスは、「お金のことは即決しない」ということです。非常に魅力的な商品に見えても、そのときの勢いで購入したりせず、翌朝、頭をクリアにしてから判断するようにしましょう。ただ、それで失敗したのならもう後悔しても仕方がない。

Yさんはそうおっしゃっていました。

第3章

【マネジメント編】

「正しい任せ方」を知らないと、自分もチームも回らない

01

まずは「任せ方の大原則」を知っておく

「自分でやったほうが速い」……40代管理職の「本音」だろう。だが、実はそこに、自分の価値を失いたくないという「隠れた本音」がないだろうか？

◉「任せられない」のではなく「自分がやりたい」だけでは？

「部下に任せられず、自分で仕事を抱え込んでしまう」というのは、40代リーダーの最大の悩みと言っていいでしょう。自身がプレイングマネージャーやプレイングリーダーであれば、なおさらです。

そもそも、「部下に任せられない」のはなぜでしょうか。

「部下のスキルや能力が低いから」というのが、最もよくある答えでしょう。確かに、ミスの尻ぬぐいは面倒です。ただ、それ以上に、自分がやり慣れた仕事、得意な仕事だから「自分でやりたい」という思いが強いのではないでしょうか。つまり、「部下に任せられない」のではなく、「部下に任せたくない」のです。

こういう40代管理職は非常に多いという感触があります。だからこそお伝えしておきたいのですが、**「部下に任せたくない」というタイプは、傍《はた》から見ると典型的な「残念な人材」です。**世の中の管理職研修の多くは、このタイプをどうするかに焦点が置かれていると言っても過言ではありません。

しかも、本人は「自分でやったほうがクオリティが高い」と思っていても、実際にはすっかり時代遅れのやり方になってしまっていたり、仕事の流れを止めるボトルネックになってしまっていたりと、上司がチーム全体の生産性を下げる「善意の厄介者」になっていることも多いのです。

⦿後始末ではなく「前始末」をすべき

「40代になったら〝任せ方〟を覚える」。これこそが、「40代になったらこれだけやればいい」という、唯一かつ最大のポイントです。

「任せ方」にも原理・原則があります。それを覚えるだけで「任せられない」という悩みは解消します。

一番大事なのは、任せる際に「これやっといて」ではなく、まずはそのタスクや仕事が「なんのため」で「誰が」「どのように」使用するのかという背景を、きちんとシェアすることです。その際、部下がアウトプットのイメージを理解してくれないようなら、見本や手本となるものを用意するのが効果的です。

「部下から出てきたアウトプットが思っていたのと違う」のは、ほとんどの場合、上司の責任です。前提の共有がしっかりなされていないから、そうなるのです。「部下のプアなアウトプットを修正する」のが「後始末」なら、この背景の共有は「前始末」という位置づけになるでしょう。

また、スキルレベルが低い部下には、そのタスクを「これならできそうだ」と思えるくらいに小分けして割り振り、進捗を細かくチェックし、フィードバックやアドバイスを繰り返します。その際、フィードバックはある程度時間が経ってから「大まとめ」で行うのではなく、「そのとき、その場」でするのがポイントです。

ダメ出しばかりでは部下のモチベーションが落ちてしまいますので、どんなに小さくてもいいので「小さな成長」を褒めてから、必要なダメ出しやフィードバックをするようにしてください。

一方、あなたに近いレベル、あるいはその分野においては**あなた以上のスキルを持っ**

ている部下なら、タスクを「投げる」のが正解です。細かい指示などせず、どんどん仕事を振ってしまいましょう。やり方、進め方も本人に任せます。

このタイプには細かなフィードバックも不要です。むしろ、「細かいことに口を挟む上司」としてうっとうしく思われるだけなので、ときどき「○○さん、あの件どうなってる？」と声をかけるくらいで十分です。

ただし、どちらのタイプにも共通するのが、「やらせっぱなし」にしないこと。「○○の件、ありがとう」というねぎらいの言葉は不可欠で、さらにそのあとにひと言、「部長がわかりやすくなったって褒めてたよ」などというコメントを付け加えましょう。アドバイスや注意点があるならば、褒めたあとにするといいでしょう。

これが「任せ方の鉄則」です。これを意識するだけで、部下の仕事は劇的に変わってくるはずです。

Point

「自分でやったほうが速い」は、たいていの場合、完全な誤解。「任せる」に意識を切り替えよう。

02

30代で染みついた「評論家」の肩書きを捨てる

30代までは順調に出世していたのに、40代で急ブレーキがかかる人がいる。その要因を紐解くことで、今、何をすべきかが見えてくる。

◉「評論家」は40代で伸び悩む

「30代では優秀なリーダーだったのに、40代になったとたん伸び悩むようになってしまった」という人を、これまで数多く見てきました。**「30代に求められるリーダーシップ」と「40代に求められるリーダーシップ」は大きく異なる**というのが、その理由です。

これが健康面なら「40代になってめっきり体力がなくなってきた」と自分で気づくこともできますが、リーダーシップにはこうした自覚症状がないために、気がつかないまま壁にぶち当たっている人が非常に多いのです。

そのことで思い出すのが、ある会社に勤めるSさんの話です。プレイヤーとして非常に優秀な上に弁も立つSさんは、30代で真っ先にチームリーダーに抜擢されるなど、大いに期待されていました。しかし、40代に入ると、急速に評価を落としてしまったのです。

その理由は、経営陣が感じた「違和感」にありました。

Sさんは若い頃からしばしば、経営陣に対して現場や部下の不満をあげつらっては、「どうにかしてください」と直談判していました。若い頃はこれが「現場の意見を歯に衣着せぬ物言いで言ってくれる」と高評価だったのですが、40代になると、「彼の立場なら不満を言うだけじゃなく、解決策を持ってくるべきじゃないか」「これではまるで労使交渉だ」という思いが経営陣の中に芽生えてきたのです。

要は「どこを向いて仕事をしているか」です。**若い頃なら、「現場のボス」として上を突き上げるだけでも評価され、部下もついてきました。しかし、40代になると、結果に対する責任まで負うことになるのです。**

特に弁が立つタイプはこうした「評論家」になりがちなので、注意が必要です。

⊙結局、30代までは「リーダー見習い」に過ぎない

30代のリーダーシップと40代のリーダーシップの違いをひと言で言えば、「裁量と責

任」ということになるでしょう。30代はリーダーといっても、その上に別の責任者がいることがほとんどです。つまり、各種の制約がある代わりに、「責任」をそれほど強く求められていないのです。実質はリーダーといっても責任者をサポートする「サブリーダー」「リーダー見習い」のようなものです。

一方、**40代に求められるのは、「裁量と責任」が伴うリーダーシップです**。何をしてもいい代わりに、結果責任はきちんと取らなくてはならない。逆に言えば、根回しだろうとなんだろうと駆使して、結果を出さねばならないのです。

30代であれば、現場で起きている課題や問題を上司や責任者に報告することは重要な仕事です。しかし、40代に求められるのは、もっと大局的見地、高い視座から問題を引き起こしている原因を分析し、その解決策までをパッケージにした「提案」なのです。いつまでも「評論家」であってはならないのです。

◉「自分が上になったら」……かつての悔しさを思い出そう

ここで一つ、お伝えしておきたいことがあります。40代は「裁量と責任」を伴う時期だと申し上げましたが、**「責任を感じながらも自分のやりたいことができる」時期は思**

っている以上に短いということです。

20代や30代は、さまざまな制約やしがらみに縛られ、自由に仕事ができない時代でもあります。そのことで悔しい思いをし、「自分が上に立ったら、こういうやり方に変えたい」「こういうチャレンジをしてみたい」と考えていた人も多いでしょう。

しかし、自由にできるようになったとたん、なぜか金縛りにあったように、「怖くて何もできない」状態になってしまうのです。

そのことを後悔している先輩を、多く見てきました。だからこそ、評論家という意識を早急になくし、やりたいことをやりたいように実現しましょう。でないと、40代はあっという間に過ぎ去り、後悔だけが残ることになります。

Point

40代は意外と短い。「評論家」意識を捨てて、「やりたいことを、やりたいように」実行しよう。

03

40代の必須スキルは「年上の部下を使う力」

「年上の部下」は正直やりづらい。ただ、この問題から目をそらしていては、チームをうまくまとめ上げることは不可能だ。

⦿実は「年上の部下」がいない会社のほうがヤバい？

「年上の部下」への対処法を知ることは、現代の40代にとって必須だと言えるでしょう。企業のマネジメント研修でもこのテーマのニーズは非常に強く、つい先日も「かつての本部長が定年後の再雇用で部下になってしまって、接し方に困惑している」という相談を受けたばかりです。

ただ、最初に申し上げておきたいことがあります。**「年上の部下にどう対処したらいいか」という質問が相次ぐ会社はいい会社である**ことが非常に多いのです。

実は、こうした質問がほぼ出ない会社もあります。そうした会社の多くは、ベテラン社員をリストラしてしまったり、グループ会社や取引先、融資先に転籍させてしまったりすることで、「年上部下」が発生しないようにしているのです。旧海軍方式を踏襲したといわれる官僚組織に近いやり方です。

しかし、本来ならまだ活躍できる人材を、このように強制的に排除してしまうのは、どう考えてももったいない。そうした力ずくの組織運営をせず、雇用責任を全うしようとするからこそ、「年上部下」が生まれるのです。

とはいえ、具体的にどう接すればいいのか悩む人は多いわけで、以下、今すぐ使える「五つの心得」をお伝えしたいと思います。

①あくまで「敬語」を使う

部下であっても人生の先輩です。敬意を持って接し、敬語を使うのはもちろん、ビジネスアワーを終えたら上司のスイッチは切ることです。

さらに、このことはチームの部下全員と共有しておくといいでしょう。

②期待と要望を明確に伝える

期待と要望を明確に伝えることも大事です。遠慮は逆に失礼になります。

「新しい技術にはついていけないので……」「もう体力もないので……」などと、

自分からシャッターを下ろしてしまう人もいますが、その人ならではの強みを見出して、それを伝えるようにしましょう。

例えば、「○○さんには、新規顧客開拓の経験と素晴らしいノウハウがあります。若手の苦手なところでもありますので、ぜひその分野にて力を貸してください」などです。

③「相談」を多用する

「指示」や「命令」という形式だと、年上部下のプライドを傷つけてしまいます。すると年上部下は面従腹背《めんじゅうふくはい》を決め込むだけでなく、負の感情がチーム全体に伝染してしまい、ギスギスした職場になってしまいます。

それを避けるためには、「~はどうでしょうか?」などと、相談形式で話を進めることです。「A社の案件はBさんの過去のスキルが生かされると思うのですが、いかがでしょうか?」と相談の形でお願いをするのです。

④仕事のやり方について、「自己決定」を促す

何をやってもらうかはこちらが決めるにしても、その仕事のやり方については、

本人の意思を尊重しましょう。「やり方はBさんのほうがよくご存じだと思うので、お任せします」のように伝えるのです。

それにより当事者意識が生まれ、モチベーションも上がります。

⑤「何を残したいか」を問う

一見「働かないおじさん」でも、長年勤めている以上、誰もがなんらかの足跡を会社に残したいと考えているものです。「あの人、なんのために会社来てたんだろうね」などと陰口を叩かれながら職場を去りたいと思っている人など、誰もいません。

だからこそ、評価面談などの改まった席で、「何を残したいか」を問うてみていただきたいのです。即答できる人は少ないと思いますが、それでもかまいません。本人は「最もやる気に満ちて仕事をしていたとき」の状態を思い出し、自然と何をすればいいかを考えてくれるようになるはずです。

Point

「年上の部下」がいるのは良い会社の証。敬意を持って最大限、力を発揮してもらおう。

04

「プレイヤーとしての自分」を頭から消し去る

今や、ほぼすべての中間管理職が「プレイングマネージャー」だ。プレイヤーとマネージャーのどちらを優先すべきかという「永遠の論争」の答えは？

⊙プレイヤーとマネージャーは永久に「トレードオフ」

昭和の時代は課長職でも専任マネージャーがほとんどでしたが、平成に入ってからは、「プレイングマネージャー」「プレイングリーダー」が当たり前になりました。令和となった今では、下手をすると部長職までもがプレイングマネージャーであり、中小企業では役員までもが「プレイングオフィサー」となっていることも少なくありません。

当然のことながら、多くのマネージャーやリーダーが、プレイヤーとマネージャーの両立に悩むようになりました。

チーム全体の業績のため、メンバーに範を示すため、あるいは威厳を保持するためにプレイヤーとしての役割に重きを置くと、マネージャーとしての業務が「ついで」や「おまけ」になってしまう。すると、チームは常に自転車操業のような状況に陥り、メンバーの成長も遅れます。そしてさらに業績が悪化し、目先の対応に追われてマネジメントどころではなくなる、という悪循環に陥ってしまうのです。

一方、マネージャーとしての役割にウエイトを置きすぎると、今度はプレイヤーとしての業務が滞ってしまったり、仕事のクオリティが下がったりしてしまいます。そうして業績が上がらなくなれば、部門の数字は悪化し、部下に対しての威厳も保てなくなってしまうのです。

このトレードオフ関係、ジレンマをどう乗り越えていけばいいのでしょうか。

◉「部下と業績を張り合う上司」は最悪中の最悪

私が接してきた多くの諸先輩方も、同じ悩みを持っていました。ただし、その解決法は驚くほどみな、同じでした。結論から言えば、「**プレイヤーとしての自分を捨てる**」ということになります。

つまり、「プレイヤーよりマネージャーとしての仕事を優先する」ということですが、プレイヤーを「捨てる」というくらいのマインドチェンジが必要なのです。

プレイングマネージャーがやってしまいがちなのが、「自分と比較しながらマネジメントを行う」こと。プレイヤーとして優秀な人ほど、つい、自分の仕事と部下の仕事を比べてしまいます。そして、「なぜ、私と同じようにできないんだ」「私がこれだけ数字を上げているのに、なぜ上げられないのだ」というような指導をしてしまうのです。

すると、部下は「じゃあ、あんたがやればいいじゃないか」と反発し、やる気を失ってしまうのです。そして結局、マネージャーが数字の尻ぬぐいに追われるのです。

そうではなく、いったん**「自分がプレイヤーであること自体を忘れてしまう」**のです。今、部下が手がけている仕事は、自分が今までやったことのない仕事だと思うようにする。すると、どうすれば部下がやる気になって動いてくれるかを考えるようになります。

それこそが、部下の力を引き出す最大のポイントです。

⊙指導ではなく「部下に教えを乞う」に変えてみると……

技術者集団のソニーにおいて文系出身ながらトップにまで上り詰めた出井伸之氏は、技術者集団を動かすにあたって、自らが徹底的に勉強をする一方、「若手に教えを乞《こ》う」という姿勢を大事にしたそうです。いくら勉強したところで、それを専門にやってきた人にかなうわけがありません。しかし、相手へのリスペクトが伝われば、自分より技術力が劣っている上司を馬鹿にすることなく、人は動いてくれるということです。

同様に、あなたも**部下に「教えを乞う」姿勢を取ってみてはいかがでしょうか**。よく聞いてみると、部下はあなたが絶対に思いつかないような素晴らしいアイデアを持っているかもしれません。

最悪なのは、「部下と業績を張り合う」マネージャーです。部下は確実にやる気を失い、チームは崩壊します。

今、マネージャー職についている人は、現場での仕事で成功を収めてきた人が大半でしょう。しかし、だからこそプレイヤーの立場を手放せずに伸び悩んでしまった人を、私は何人も見てきました。皆さんにはぜひ、同じ轍《てつ》を踏まないようにしてほしいと思います。

⦿「マネージャーの時間」をブロックせよ

とはいえ、このモードチェンジはそう簡単ではありません。そもそも、自分がプレイヤーとしての役割を全うしなくては、とうてい数字を達成できないというケースも多いでしょう。

ならば、せめて**「プレイヤーとマネージャーの時間を切り分ける」**ことを意識してみてください。「この時間はプレイヤーに徹する」「この時間はマネージャーに徹する」と決め、マネージャーの時間には決して、プレイヤーの仕事を入れないようにするのです。

例えば、「月水金の午前はメンバーのマネジメントだけに使う時間」と決めてしまって、スケジューラーをブロックしてしまうのです。どんなに自分のプレイヤーとしての仕事が忙しくても、その時間はマネジメントに徹します。

また、部下にもその旨を伝えておくといいでしょう。上司が自分の仕事で忙しそうだと、部下もついつい相談しにくくなるもの。時間が決まっていれば安心して相談できます。

プレイングマネージャーがやりがちなのが、まずはプレイヤーとしての仕事に全力で取り組み、その後、余裕ができてからマネージャーの仕事をこなそうとすること。その結果、プレイヤーの仕事が忙しくてマネージャーの仕事に手が回らなかったり、その間に問題が進行してしまい、気がついたときには手遅れ、ということになるのです。だからこそ、**マネージャーの仕事は定期的に、時間を確保して行うべき**なのです。

自分の仕事がどうしても忙しいこともあるでしょう。それでも、例外を作ると、マネジメントの時間がなし崩し的に形骸化してしまいます。延期や変則対応は「週に1回まで」などの制約を設けるのがコツです。

それでも、プレイヤーとマネージャーの優先順位に迷ったら？　その場合は「マネージャー」を優先しましょう。そのほうが、あなたにとって中長期的には必ずプラスになります。

スケジュールの中にマネージャーの「時間」を確保する

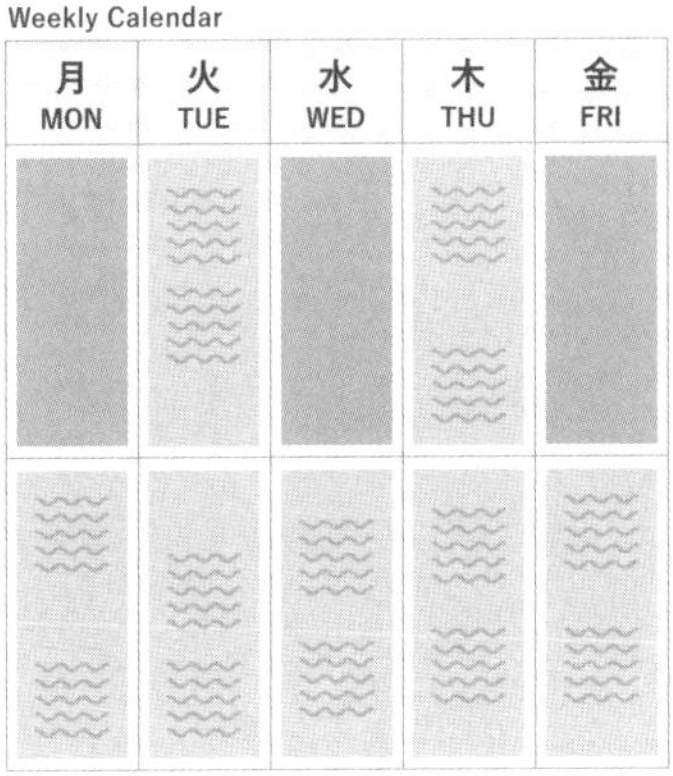

Point

「プレイヤー」と「マネージャー」を同時にこなすのは不可能。「プレイヤー」の自分をいったん捨ててしまおう。

05

「板挟み」は、むしろチャンスと歓迎せよ

中間管理職は常に会社と部下との「板挟み」だ。しかし、そこで「板挟みを受け入れるか」「逃げるか」で、その後の人生が大きく変わってくるとしたら？

◉板挟みのない人は「存在意義のない人」？

私が営業マンをやっていた若い頃、必死に目標を達成した直後に「来期はさらに50％アップ」などという目標が下されて、「この会社、何を考えているんだ」とほとほと愛想が尽きたりしたものです。上司に詰め寄っても「これは、みんなに対する期待の表れだから」と言うのみ。

ただ、今になって思えば、上司も本心では「こんな目標はめちゃくちゃだ」と思っていたはずですし、我々メンバーの不満も十分に理解していたでしょう。まさに「板挟み」の状態であったはずです。

こうした板挟みについては、40代の多くが今まさに経験している状況だと思います。

この板挟み状態から早く抜け出したい、と思っている方も多いでしょう。

ただ、最初に言っておきたいのは、**「40代が板挟みになるのは当たり前であり、日常だ」**ということです。考えてもみてください。上の方針がなんの抵抗もなく下に伝わり、下の思いや不満がスムースに上に伝わっているとしたら、その中間に立つあなたにはなんの存在意義もない、ということになります。板挟みとはまさに、40代にとっての「日常」であり、自分の存在意義を発揮すべき場なのです。

⦿部下に迎合すると、あとで痛い目を見る

そう考えれば、板挟みになった際にあなたがやるべきことも見えてくるでしょう。それは、**「上司と部下の橋渡しをする」**ことです。

まず必要なのは、部下に対して、なぜこうした高い目標になったかの背景や理由を明確に、具体的に伝えることです。

本来なら上長から説明があってしかるべきですが、実際には抜けていることも多いものです。説明がなければ、こちらから確認しなくてはなりません。

「この分野には追い風が期待できる」「有力な新製品の発売が予定されている」などという明確な理由があればいいですし、「別の部門で収益が期待できない以上、君たちに

頑張ってもらうしかない」という理由でも、ないよりはマシでしょう。

上長がその理由を明確に説明できないこともあります。その際は、あなた自身がかみ砕いて、あるいは想像して理由づけをしなくてはなりません。ゆめゆめ「上が言ってるんだから、四の五の言わずやれ」といった組織権力を使ってはいけません。

もちろん、部下が納得してくれるとは限りません。ただし、ここで部下に迎合し「自分もそう思う。こんな目標むちゃくちゃだ」などと口走ってはいけません。

一瞬、連帯感が生まれるかもしれませんが、結局目標が変わらないとしたら、その連帯感は早晩、失望に変わります。しかも、「上司がおかしいと言っているような目標を、自分たちが達成できるわけがない」と、完全にあきらめモードに入ってしまうのです。

ここでは「みんなの気持ちはわかる」程度にとどめておきましょう。

ただし、**上司に対して「ネゴっている」という姿勢を見せることも重要です**。「目標はわかりましたが、代わりに経費もこれだけ使わせてもらいますよ」というように、少しでもいい条件を引き出すようにするのです。

◉「プラスの兆し」さえ見つかれば、人は頑張れる

「背景」や「理由」が共有できたら、その目標を達成するための「方法」の議論に移り

ます。どんな難易度の高い目標であっても**「この方法でやれば、できそうな気がする」という「プラスの兆《きざ》し」の発見によって、チームのモチベーションが一気に高まる**からです。「A商品についてある店だけものすごく売れているらしい」「B支社にすごい成功例があるらしい」といった程度でもOKです。

また、過去に同じような高い目標を達成した成功体験や、短期間でピンチを乗り切った集中体験を振り返らせ、「できそうな気がする」とポジティブシンキングのスイッチを入れるのも効果的です。

今、組織のトップに立っている人はほぼすべて、かつて「板挟み」にあってきた人です。「自分の実力を発揮し、上にアピールするチャンスだ」くらいの気持ちで立ち向かっていってください。

Point

40代にとって「板挟みは日常」。調整スキルを発揮して、自分の力をアピールする機会にせよ。

Column

40代「お金の後悔」③

なぜか貯金がまったく増えない……

Aさんは40代で1000万円程度の年収があり、奥さんも扶養内に収まる程度ではありますが、コールセンターで仕事をして収入を得ていました。

ところがなぜか、貯蓄がまったく増えていかないのです。

そこでAさんは、お金に対する発想をドラスティックに変えました。**「収入－支出＝貯金」ではなく、「収入－貯金＝支出」として、あらかじめ貯金額を決め、それを差し引いた予算の中で生活を楽しむ、という発想にした**のです。

具体的には、年間300万円の貯蓄を目指し、「年間300万円貯金化計画」というスローガンを立てました。Aさん夫妻の手取り年収は830万円程度でしたから、残り530万円で生活するというわけです。

生活に使うお金のすべてについて、何にいくら必要なのかをあらかじめ見積もり、それぞれの予算を決めました。そして、その予算内に支出が収まるよう、工夫をしたのです。

これをやってみて初めて、Aさんは今までいかにムダな消費をしていたかに気づいたそうです。こうしたムダな消費を貯蓄に回しただけで、ボーナス1回分くらいになったということで、「これぞチリツモのマジック」と笑っていました。

こうした工夫を継続した結果、10年後には見事に3000万円の貯金を達成したのです。


このエピソードは、40代から必要になる「お金との付き合い方」そのものです。30代までは「収入－支出＝貯金」でもなんとかなったかもしれませんが、よりお金が必要になる40代からは、「収入－貯金＝支出」へと発想を変える必要があるのです。それだけで、お金は驚くほど貯まるようになるはずです。


とはいえ、「家計を節約する」という発想が性に合わない人もいるでしょう。ならばいっそ、「副業」などで収入を増やすという選択肢もあります。

ともあれ大事なのは、「ダラダラとお金を使わない」こと。これに尽きます。

仕事やキャリアだけでなく、お金に関しても「30代と40代では違う」のです。

第4章

【プライベート編】ワークをいったん手放し、「ライフ」に最大限シフトせよ

01

ワークライフバランスではなく「ライフ100%」に振り切る

「ワークライフバランスが重要」。そんなことは言われなくてもわかっている。問題は、どう実現するか。それにはある「思い切り」が必要？

⦿今の40代に、ワークライフ「バランス」はとうてい無理？

日本が「ワークライフバランス」に舵《かじ》を切って10年以上が経過しました。遅々として進まなかった改革ですが、やっと「ノー残業デー以外にも定時で帰っていい」という意識が浸透してきたように思います。今回のコロナ禍は、こうした動きをますます加速させたといえるでしょう。

この働き方改革については、20代、30代がすんなり受け入れている一方、50代以降はなかなか変われないし、変わろうともしない人も多いのが現実です。難しいのがちょうど中間の40代で、「ワークライフバランスが大事なのはわかるけど、なかなか変われない」と悩む人が多いようです。

実際、多忙な40代にとって、「ワークとライフのバランスを取る」などという器用なマネはかなり難しいのです。だからこそ、お勧めしたいことがあります。それは、**「いったん、ライフにバランスを振り切ってみる」**ことです。

⦿「自分がいないとできない仕事」なんて、実はほとんどない

例えば、「趣味」を大事にしたいと思うのなら、趣味の時間の確保を最優先します。仕事の予定より先に、趣味の予定を入れてしまいましょう。

前述した外食業のIさんは、40代で一度、「趣味の山登りのバランスを最大に」しました。家庭の不和から「奥さんとの時間を最優先する」と決めた人もいます。残業をきっぱり断ち、毎日仕事後にビジネススクールに通うことにした人もいます。

最初は大変な思いをしますが、その結果、皆さんワークとライフのバランスを見事に取れるようになったのです。

私の場合は、子供ができたことがきっかけでした。子供ができたとき、家内の「仕事もゴルフもいつでもできるけど、子育ては今しかできないよ」という何気ないひと言が妙に説得力があり、いったん「ライフ」のバランスを最大限に高めてみようと思ったの

です。

それを機会に残業も趣味のゴルフもすべてシャットアウトしました。そして、お風呂、ミルク、読み聞かせ、散歩など、可能な限り子育てに時間を費やしたのです。

そこで初めて、実はムダな仕事をかなりしていたことに気づきました。そして、**必要な仕事だけを集中して行ったところ、仕事のスピードが倍近く速くなり、生産性も高くなった**のです。

「自分がいなければ回らない」と思っていた仕事も、実際には思い込みに過ぎませんでした。顧問先とのミーティングを、「子供をお風呂に入れる時間だから」と中座したところで、まったく問題は起こらなかったくらいです。

つまり、「ライフ」に振り切ってみて初めて、「ワークライフバランス」が実現したのです。「ワークオンリー」でキャリアをスタートさせてしまった40代以上の人は、**いったん「ライフ」のバランスを最大限にしないと、すぐに元の「ワークオンリー」に戻ってしまう**のです。

◉「自分の理想的な生活」を書き出してみよう

人によって、「人生で何を大事にしたいのか」「何が心地良いのか」は違うと思います。

まずはその状態を思い描いてみてください。

コツはなんらかの形で書き出すことです。手書きでもPCでもいいので、「ライフに振り切った」理想の生活をまず思い描き、スケジュールに落とし込んでみましょう。

「毎日、17時に退社してギターの練習をする」など、最初は「絶対に不可能だ」と思うかもしれません。しかし、それを目に見える形で書き出してみると、ひょっとしてできるのではないかと思えてくるもの。そして、試しに1カ月でいいので実践してみる。それが大事なのです。

前述したように、「仕事だけの人生」で定年を迎えることほど、悲惨なことはありません。一時的にでも**「ライフ」のバランスを最大限にすることは、人生の主導権を会社や組織から「自分」に取り戻すための最初のアクション**なのです。

Point

騙されたと思って「1カ月だけライフのバランスを最大」にしてみよう。

02

家庭内の「ほんの小さな変化」を見逃さない

40代になって「離婚」に踏み切る人は意外と多い。「自分は大丈夫」と思っている人も、実は見えないところで危機が進行しているとしたら……。

⦿「40代の離婚」はなぜ、起こるのか？

私は自分が40代のとき『結婚を後悔しない50のリスト』（ダイヤモンド社）という書籍を上梓したことがあります。なぜか当時、私の周りに離婚する人が多く、平均回数が1回を超えてしまうほどだったのです（一人の人が複数回離婚するので）。彼らの話を聞くといろいろと考えさせられることがあり、本として1冊にまとめたというわけです。

とはいえ、そもそも日本人の夫婦の3組に1組は離婚するとも言われていますので、私に限らず、皆さんの周りにも大勢の離婚経験者がいると思います。40代の離婚率というのは30代に次いで高いのだそうです。

もちろん、離婚する・しないは個人の自由です。ただし、話を聞いていて「もったいないな」と思ったのは、**ほんのちょっとしたことがチリのように積もっていって、ついには離婚に至るケースが多い**ということ。逆に言えば、チリをチリのうちに掃除しておけば、離婚に至ることはなかったわけです。

「離婚は結婚より難しい」と言われるように、離婚にはかなりの「負のエネルギー」が割かれます。人生にとって重要な40代を離婚によって台無しにしないよう、既婚者の方に最低限「これだけやっておけばいい」コツをお伝えしたいと思います。

⦿「離婚をしない人」はこれしかやらない!?

離婚の理由の第1位は「性格の不一致」だそうです。多くの離婚経験者によれば、そうした不一致はたった一つの大きな出来事によって生じるというより、家事の分担、金銭感覚の違い、子育てに対する考え方、お風呂の入り方、タオルの使い方、挨拶、返事の仕方、ちょっとした言い回しに対するほんの小さな不満やズレが積もり積もってある日爆発する、という経緯を取るようです。

要するに「コミュニケーション不足」です。結婚して10年以上も経つと、会話もマンネリ化し、何も話さなくても伝わると勘違いしがちですが、それが大きな誤解を生むのです。

最初の結婚で失敗したUさんは、まさにこの「チリツモ」で離婚に至ったため、二度目の結婚では日常の何気ない家庭内コミュニケーションに注意したといいます。その際に意識したのが、**「いつもと違うこと」を探し、帰宅早々、それをネタに話しかける**ことだったそうです。

髪型でも、洗濯物の干し方でも、玄関に並べられた靴のことでもいいので、帰宅したらすぐに「いつもと違うこと」を探し、それを拾い上げる。すると、会話が途切れることがなくなり、自然とそれ以外のことも話しやすい雰囲気になったということです。

「変化を見つける」こと以外にも、コミュニケーションのコツがあります。それは、

1　相手が喜ぶ話題を振る
2　素朴な疑問を投げかける
3　共通の話題を振る

というものです。

相手が喜ぶ話題を振るというのは、「ご機嫌を取る」というのとは違います。相手が好きなもの、関心があるものなど、好んで話してくれるであろう話題を投げかけましょうということです。趣味のこと、料理のこと、共通の友人のことなど、いくつかネタを仕込んでおきましょう。

素朴な疑問というのは、時事ネタでも一般ネタでも知人ネタでもご近所ネタでもなんでもOKです。探せばネタは無限にあるはずです。

最後の「共通の話題」ですが、これも子供のこと、親のこと、飼い犬、飼い猫のこと、家族行事のことなど無数にあるはずです。

ただ、やはり最強は「変化を見つける」ことだと思います。変化を見つけるには、相手に関心を持たねばなりません。「関心を持つ」ことは、相手に対する何よりのコミュニケーションなのです。

Point

「変化を見つけ、伝える」。まずはこれだけ実行してみよう。

03

週末は「6分割」して活用する

「週末の時間をもっと有効に使えばよかった……」。実はこれ、40代にやっておけばよかったことNO・1というくらいに、多くの人が後悔していることだ。

◉50代以降の「最大の後悔」とは？

多くの50代以降の人から話を聞いている中で気づいたことがあります。それは、**「40代のとき、週末の時間をもっと有効に使えばよかった」と後悔している人が極めて多い、**ということです。

仕事に関しては「やり切った」と感じている人でも、こと週末に関しては、「もっと有効に使っておけばよかった」と後悔しているのです。おそらくは仕事に全力を投じた反動で週末をダラダラ過ごしてしまい、自分の勉強や家族サービスが満足にできなかった、ということなのでしょう。

私は当時、ある先輩から教わった「週末を有効に使うノウハウ」を実践していました。

これを紹介すると、思いもよらないほどの大反響を得ました。
それは「週末を6分割する」という方法です。以下、詳しくご説明しましょう。

⦿週末を6分割すると、急に使える時間が増える?

まず、2日の休日をそれぞれ「午前」「午後」「夜」と3分割します。すると、六つのコマが生まれます。その上で、したいこと・やるべきことを、そのコマに入れていくのです。

例えば1日目の午前中は「身体を休める」、午後は「洗濯や掃除、買い物などの家事」、夜は「家族と過ごす」。2日目は午前、午後の2コマで「家族で外出」、夜は「自分の勉強」といった要領です。

いかがでしょうか。時間の総和は変わらないのに、**休日を2日ではなく6コマと考えて計画すると、急にいろいろなことができる**ような気がしてきませんか。

しかも、「休日は昼までダラダラする」ことも、「身体を休める」と定義することで、価値ある時間を過ごしたように思えるから面白いものです。

「週末を有効に使えなかった」という後悔は、「意味のない時間を過ごしてしまった」ということへの後悔です。逆に言えば、なんのためにその時間を過ごすのかを定義すれ

週末を「6コマ」として考える

	午前	午後	夜
土曜日	休む（寝坊する）	家事	家族と過ごす
日曜日	外出		勉強

「2日」ではなく「6コマ」と考えると、
休日により多くのことができるようになる！

ば、どんな時間にも意味が生まれるのです。

　休日が不定期な人や週1日の人は、1日を3分割してみるといいでしょう。それだけでも十分、効果があるはずです。

◉「週明けが憂鬱」なら、1コマだけ仕事をしてしまおう

　さて、先ほどこの方法はある先輩に教わったものだと述べましたが、厳密にはその先輩の方法は、少々異なります。日曜日の夕方になると憂鬱《ゆううつ》になる「サザエさん症候群」への対処法として、「日曜の夜に時間を確保し、月曜からの仕事を少し始めてしまうといい」というものだったのです。

　実際にこれをやってみるとわかりますが、**日曜の夜に少しだけ仕事をする、あるいは仕**

事関連の本を読んだりするだけでも、心がすっと軽くなるのです。「ブルーマンデー」に悩む人は、ぜひ実践してみてください。

私は当時、土日にダラダラと長時間仕事をしてしまうことがありました。この話を聞き、「時間を決めて、その時間だけ仕事をする」という発想をすれば、それが防げることに気づいたのです。その応用が「週末の6分割」なのです。

同じように週末、どうしても仕事をする必要がある人は、6コマのうち「このコマだけ仕事をする」と決めましょう。そして、残りのコマを有効活用すれば、きっと後悔しない週末を送ることができるはずです。

Point

週末は「6分割」して予定を埋め込んでいけば、充実感がグッと増す。

04

「1日1回」だけ必ず子供と食事をとる

40代は「子育て」にとっても大事な時期。しかし、忙しい中で子供との時間をなかなか取れずに悩む人は多いはず。どうやって両立すればいいのか。

⊙ある夫婦の「子育ての後悔」

「結局、自分たちのせいで子供を犠牲にしてしまった」

そう悔やむのは、私の知人のUさんです。

Uさんは夫婦ともに教師で子供は3人。ただ、共働きで忙しいこともあり、祖父が孫の面倒を見ることが多かったそうです。3人の子供を育てるためには、必死に働いてお金を稼がなくてはならないと考えてのことだったそうです。特に一番下の男の子は、ほぼ祖父に任せ切りでした。

その息子さんは優秀で、現役で有名大学に進学するのですが、卒業後、いわゆる「引きこもり」状態になってしまいました。彼はUさんに対して、「自分のことを犠牲にした」とずっと責め続け、Uさん自身も「もっとかまってあげるべきだった」と後悔しているのです。

この話は子供を持つ人なら、誰にとっても他人事ではないと思います。特に共働きで忙しい家庭にとって、子育てに必要な時間をどうやって確保するかは、大きな悩みどころでしょう。

独立行政法人労働政策研究・研修機構の調査データによれば、日本の共働き家庭の比率は2018年の数字で67・1%に及びます。一番お金のかかる40代家庭でも、かなりの世帯が共働きということになるでしょう。

そして、その年代こそ、子供が思春期を迎え、受験があり、親離れ・子離れのタイミングでもあります。そこでどう時間を作り、子供と向き合うかで、その後の親子関係が決まってしまうほど、大切な10年なのです。

⦿「週末にまとめて」より「毎日少しずつ」がコツ

そんな人にぜひお伝えしたい、子育てをうまくやり遂げた人たちに共通する「これしかやらない」方法があります。それは、**「1日1回、必ず食事をともにする」**ということです。

もちろん、毎日早く仕事を切り上げて、夕食の時間を一緒に過ごすことがベストでしょう。ただし、それができれば苦労はありません。ならば、早く帰れないとわかっている日は、代わりに朝食だけは子供と一緒にとるようにすればいいのです。その短い時間だけでも子供と向き合い、コミュニケーションを取ることが重要なのです。

短くても毎日顔を合わせていれば、子供の変化や思いに気づくことができるものです。週末に多くの時間を作って濃厚なコミュニケーションを取るよりも、毎日ちょっとずつコミュニケーションを取ったほうがいいというのが、子育ての諸先輩方の知恵です。

これは夫婦関係にも言えることでしょう。毎日少しでも会話の時間を取ることが、夫婦円満の秘訣です。

⦿時間がないからこそ、時間の密度はむしろ高まる

もちろん、これを実践するためには、今より少し早く帰宅する、あるいは早起きをするなどの努力が必要となります。確かに、一見難しそうに思えます。しかし、「この時間は絶対に家にいなくてはならない」と考えると、その他の時間の密度が高まり、意外と無理なく実現できるものです。

Point

時間のない40代子育てのコツは「時間より回数を優先」。

ワーキングウーマンのWさんは40代の頃、毎朝4時に起床。2人の子供のお弁当を作ったあとに家を出て、6時に出社するという生活を続けていました。だからこそ、始業までの3時間が「誰にも邪魔されない自分だけの仕事の時間」になり、この時間を非常に有効に使うことができたそうです。**時間がないからこそ、時間を有効に使える**ことの好例ではないでしょうか。

毎日、ほんの10分、20分でもいいのです。そのくらいの時間なら、なんとか捻出できるのではないでしょうか。その時間を取れるかどうかが、家族の一生を決めると言っても過言ではないのです。

05 できる40代は「五つのキャラ」を使い分ける

「定年後に趣味がないとツラい」とは、しばしば聞く話だ。しかし、実は「趣味の有無」が、今の仕事にも大いに影響を与えるとしたら……？

◉「会社人間」の老後はまるで拷問

現在の60代以上は、いわゆる「会社に人生を捧げてきた世代」です。朝から晩まで、場合によっては週末すら仕事にあてててきました。しかし、そうして**「会社にしか居場所がない人」になってしまった人の老後ほど、寂しいものはありません。**

先日、若い頃にお世話になった、今年75歳になる某商社の元人事部長にお会いした際、「何か40代、50代にアドバイスはありますか？」と尋ねたところ、迷わず「仕事以外の時間の過ごし方を準備しておくように」とおっしゃいました。定年後、「やることがない」「予定がない」のは、まるで拷問のようにつらいそうです。

仕事人間のまま定年を迎えて初めて「定年後も人生が続くこと」を自覚したという人

は多いものです。そうなる前に「会社以外の自分の居場所」「定年後もできる趣味」を見つけておきたいところです。

とはいえ、言うは易《やす》し、行うは難《かた》し。忙しい40代が仕事以外の居場所を見つけたり、趣味に時間を割くのはそう簡単ではありません。

ここは、発想を変えましょう。**「会社以外の居場所を作らないと、結局、仕事もうまくいかなくなる」**と考えるのです。

仕事にメンタルの状態が大きな影響を与えるということは、40代の人なら皆さん納得してくれるでしょう。精神的に疲弊してしまえば、仕事の能率は落ち、いくら時間をかけても成果は上がらなくなってしまいます。

以前、心理学者の植木理恵さんと対談した際、「心の健康を保つためには、1人の人間が五つくらいのペルソナを持つことが大切」だと教えてくれました。ペルソナとは心理学では「自己の外的側面」として用いられますが、語源は古典劇に用いられた「仮面」です。ここでは「キャラ」と考えるとわかりやすいと思います。

つまり、**「ビジネスパーソン」というキャラの他に、複数のキャラを持つべき**だということです。

ある調査によると、心を病みやすい代表的な職業は「教師」「専業主婦」「宗教家」なのだそうです。どれも、「一つのキャラを演じ続けなければならない」という共通点があります。植木さんによれば、「専業主婦でも、子供にはお母さんというペルソナで接し、夫には妻、外に出かけたときは女になるほうが、心の健康を保てる」ということでした。

⦿あなたにはいくつの「顔」がある？

ただ、「五つのペルソナ」となると、仕事と家庭だけでは足りません。

一番手っ取り早いのは「趣味」でしょう。スポーツや楽器など、なんでもいいので「仕事以外のペルソナ」を今すぐ作るべきです。その際、できれば一人でやるのではなく、コミュニティに参加するといいでしょう。例えば『釣りバカ日誌』のハマちゃんは、普段はうだつの上がらない人物ですが、釣りになると「社長の指南役の釣りの達人」というペルソナをまとうのです。

私も似た人を知っています。Aさんは卓越した技術を持つエンジニアなのですが、とにかく口数が少ない。なのに、趣味のカラオケの集まりでは、美声を披露するだけでなく、司会まで買って出て場を盛り上げる「カラオケマスター」というペルソナに豹変《ひょうへん》するのです。社長は「そのキャラの10分の1でいいから仕事で発揮してくれたら」とぼやいていますが、Aさんにとっては「カラオケマスター」というペルソナがあるからこそ、心の健康が保たれ、周囲からも一目置かれているのです。

さて、あなたには、いくつのペルソナがあるでしょうか。「会社員」「夫」「父」だけではまだ足りません。「ギタリスト」「ブロガー」「週末講師」「熱狂的なアイドルオタク」なんでも結構です。ぜひ**「五つのペルソナを持つ」ことを目指してほしい**と思います。

ちなみに先ほどの元人事部長はゴルフが趣味だったのですが、10年ほど前に病気になり「ゴルファー」というペルソナを失ってしまったとのこと。そう考えると、ペルソナは多ければ多いほどいいでしょう。

「仕事以外の居場所作りは、仕事のためにも重要なのだ」。そう割り切って、ぜひ今から探してみてほしいと思います。

Point

「会社以外のキャラ」を持てば、強いメンタルと豊かな定年後が手に入る。

06

誰に何を言われようと「老化に徹底的に抗う」

誰もが40代で感じる「体力の衰え」。「年齢には勝てない」とあきらめるのか「まだまだ若くいたい」と抗うかで、40代以降は大きく変わってくる。

◉「1日2万歩」で若さを手に入れた社長

「疲れやすくなった」「太りやすくなった」「集中力がすぐに切れる」……。40代は「年齢」を強く感じる時期でもあります。

私もまさにそうで、代謝が落ちたのかこの時期に体重が一気に10キロ以上アップ。スーツもワイシャツもすべて買い替えました。さらに、アフリカの先住民並みだった視力も、その反動からか一気に老眼が進んでしまいました。加えて、歯ぎしりが原因で毎晩マウスピースを装着することに。髪の毛の後退も始まり、効果も不確かな育毛剤を毎日使っている始末です。

それでも、加齢に抗《あらが》おうと必死に努力しています。それは、これまでお会いしてきた

「できる人」はほぼ全員、年齢よりもずっと若く見えるから。そして、その外見を保つために相応の努力をしていることを知っているからです。

その代表ともいえるのが、創業したメーカーを一代で一部上場企業にまで育て上げたK社長です。先日、久しぶりにランチをご一緒したのですが、74歳とは思えぬその若さに驚いてしまいました。どう見ても50代にしか見えないのです。

その際、アンチエイジングの話になりました。K社長は40代の頃、どんなに忙しくても1日2万歩を歩くというノルマを自分に課しており、「それがあったから、今でも若く見えるのかもしれない」とのことでした。50代からはさすがに1日1万歩に落としましたが、現在でも毎日歩き続けているそうです。

この例からもわかるように、**「歩く習慣」はアンチエイジングの王道**です。

2万歩は極端かもしれませんが、リクルートの後輩で、しばしば一緒に仕事もするマラソンのメダリストの有森裕子さんによれば、通勤中や日常でエスカレーターやエレベーターを使わないだけでも十分効果があるとのことでした。また、ウォーキングの際、最後の100メートルだけ走る、あるいは速足にして負荷を高め、徐々にその負荷を増やしていくというトレーニング法も効果的だそうです。

⊙日本人は「アンチエイジング」の意識が低い？

では、なぜ「できる人」は年齢に抗うのでしょうか。答えは簡単です。**外見は確実にビジネスに影響を与える**からです。

あなただって、誰かから物を買うとしたら、年齢よりも老けて見える元気のない人よりも、生き生きとして若く見える人から買いたいと思うはずです。欧米のエリートビジネスパーソンは、時間があればジムに通ったり、歯のホワイトニングをしたりといったアンチエイジングの努力を欠かしません。外見とビジネスとの関係を理解しているからこそです。

それに比べて、日本人はそのあたりの意識がどうも低いように思えてなりません。「内面こそが大事」という教育のためかもしれませんが、**同じような内面を持つ人なら、外面がいい人が選ばれる**のもまた、事実です。

「自分には今さら無理だ」と思う人もいるかもしれませんが、そんなことはありません。そもそもこの数十年で、日本人は大いに若返ってきました。

私の祖母は61歳で亡くなったのですが、遺影を見る限り、どこから見ても「おばあちゃん」です。一方、この年代の女優さんとしては、大竹しのぶさんや榊原郁恵さん、かたせ梨乃さんなどがいますが、「おばあちゃん」と呼ぶのは失礼にあたるほど、皆さん若く見えます。

一方で、今でもやはり、「おじいちゃん、おばあちゃんと呼ばざるを得ない60歳」がいることも事実です。

「もう年だから」とあきらめるのか、「いや、まだまだ若くいたい」と抗うのか。40代はまさにターニングポイントです。「年甲斐もなく」なんて言葉に惑わされてはいけません。

最後に、ある方にうかがったアンチエイジングのコツを紹介しましょう。食事と運動が大事なのは言うまでもありませんが、食事については、脂質と塩分を減らすことがキモなのだそうです。ダイエットで糖質制限をする人もいますが、糖質は脳をはじめ全身のエネルギー源となるので、取らなさすぎるのもダメなのだそうです。

Point

「年甲斐もなく」などという言葉は気にするな。若さを保つため最大限の努力をしよう。

Column

突き抜けた40代①

挫折をとことん追究し、ついには「研究所」を設立

このコラムでは、普通の人がマネするのはそう簡単ではないけれど、極めて示唆に富む「突き抜けた40代」を送った人のエピソードをご紹介したいと思います。

最初にご登場いただくのは、Eさんです。

新入社員として配属された営業部ではなかなか芽が出なかったEさんですが、そのあと配属された企画部門の水が合っていたようで、順調に出世し、課長の地位に就きました。

しかし、ここで思わぬ壁にぶつかることになりました。

Eさんは相当な努力家で、自分にも非常に厳しい人だったのですが、それと同じレベルの厳しさを部下に求めたのです。要求するレベルが高いだけでなく、指示やチェックも非常に細かいため、部下はどんどん疲弊していってしまいました。社内では「Eさんの部下になった人は円形脱毛症になる」などと揶揄《やゆ》されていたほどでした。

結局、たまりかねた部下たちが、「この人とは一緒に働けない」と人事部に直訴《じきそ》。会

社も部下たちの言い分を認め、Eさんは部下全員の前で謝罪に追い込まれ、ラインから外れた専門職へと異動になったのです。

Eさんの挫折感は極めて大きなものでした。ただ、**閑職に追い込まれて時間がある中、「なぜ、こうなってしまったのか」「何が間違っていたのか」を、とことん追究することにした**のです。

マネジメントやリーダーシップ、モチベーションなどについての古今東西の書籍や文献、論文を読み漁り、自分の失敗を振り返りました。それだけではなく、その分野の第一人者を訪ね、教えを乞うこともありました。

元々勉強が大好きなEさんでしたが、これはまさに「研究」です。そんな彼のことを見ていた経営者からの指示もあり、ついには社内に「研究所」を作ってしまったのです。

Eさんは研究の集大成として、自分のような失敗をしないための研修プログラムを開発しました。当初は社内向けの研修だったのですが、それまでにない切り口が評判になり、社外にも販売されることになったのです。

驚いたのは、その後のEさんの行動でした。Eさんは開発した研修プログラムのロイヤルティ契約を会社と結び、退社してしまったのです。

その金額は年額5000万円から1億円という、相当なものでした。Eさんは退社後、法人を立ち上げ、その安定収入をベースに、悩める管理職のための相談窓口を作ろうと考えたのです。

余談ですが、Eさんは「狂」がつくほどのオーディオマニアで、ついにはサントリーホールの小型版のようなオーディオルームを持つ自宅兼事務所を新築してしまいました。Eさんが相談に乗る際は、生演奏と錯覚してしまいそうな音楽の中で話を聞くことになります。

そんなこだわりこそが、Eさんの人生を「突き抜けたもの」にしたと言えるでしょう。

第5章

【タイムマネジメント編】

仕事が速い人は「これ」しかやらない

01

40代になったらまず「やらないこと」を決める

「日本人の労働生産性の低さ」について、しばしば耳にする。実は日本人の意外な習慣が、労働生産性を下げる大きな要因になってしまっている?

⊙「TODOリスト」は諸悪の根源だった!?

ある調査によれば、日本の労働生産性はイタリアより低いそうです。プライベートを大事にし、夏のバケーションが1カ月もあるイタリアより日本のほうが労働生産性が低い。この現実に衝撃を受けた方も多いでしょう。

なぜ、日本人の仕事の効率はこれほど悪いのか。その根底に、長時間労働を良しとする昭和の習慣があるのは確かだと思います。ただ、私は日本人にとって一般的な「タスク管理」のやり方が、労働生産性を下げているように思えてならないのです。

皆さんも若い頃、「今日、すべきことを書き出し、優先順位をつけて、TODOリストに落とし込む」というタスク管理手法を習ったことと思います。そして、多くの人が多かれ少なかれ、その方法を踏襲して今に至っていると思います。

この方法が悪いとは言いません。しかし、**TODOリストによるタスク管理には「すべきことが際限なく積み上がっていく」という重大な欠点がある**のです。

それは当然のことで、仕事において「すべきこと」など、いくらでも出てくるからです。それをすべてTODOに入れていたら、仕事が終わらないのは当然です。

むしろ、40代の人に必要なのは、「やらなくていいことのリストアップ」、いわば「NOT TO DOリスト」の作成です。そして、やらないことを決め、本当にすべきことだけをやる。これは、本書全体のテーマでもあります。

このテーマは、私の行っている研修で最も人気のあるものの一つですが、実際にやってみると皆さん、**自分がいかに「やらなくていいこと」をやっていたかに気づき、愕然とします**。今までやっていたタスクや業務の半分が不要だったというケースはしょっちゅうで、中には「やらないほうがうまくいく」タスクを一生懸命にやっていたことに気づく人もいます。

こういう反応が多いということは、哀しいかな、日本企業の労働生産性が低いことの何よりの証なのでしょう。

⦿「やらなくていいことリスト」を作るコツ

では、「NOT　TO　DOリスト」作成の具体的な方法をお伝えしましょう。

まずは、自分の業務フローを見直して、自分がやっている仕事をすべて書き出してみます。その上で、「この仕事はいらないのではないか」というものをあぶり出していくのです。

業務を書き出す際は、「個人的なこと」と「組織的なこと」に分けて考えてみるのがコツです。個人的なこととは「自分一人でやっている仕事」、組織的なこととは「誰かと関連している仕事」となります。

そのうち、まず解消すべきは「個人的なこと」です。これは自分自身の心がけでどうにでもなりますから、今すぐ実行できます。そのため、効果もすぐに表れます。

例を挙げれば、「メールの2度読み（すぐに返事をすれば不要）」「紙の資料の整理（PCに残っていれば不要）」「必要以上の資料の〝お化粧〟」などです。

⦿資料と会議は「やらなくていいこと」の温床

ただ、数が多いのはむしろ「組織的なこと」のほうでしょう。

中でも「資料」については数多くのムダが発生しがちです。「二度と使わない資料のファイリング」「誰も見ない議事録の作成」「誰も読まない業務レポート」……。関係各所や上司に「なくしてもかまいませんよね」とひと声かけて、なくしてしまうのが得策です。

また、会議の前にアジェンダをプリントアウトして置いておく、という企業は多いですが、資料が手元にあるとつい見てしまい、話を聞かない人が増加します。アジェンダの事前配布を廃止すれば、手間は省け、会議の集中力も上がり一石二鳥です。

もう一つ、ムダが多いのがその「会議」です。世の中には不要な会議があふれています。**中でも「ただ報告を聞くだけの会議」や「発言しない人が多数いる会議」はほぼ、時間のムダ**。

会議をなくすためには事前の根回しが必要ですが、無意味な会議にうんざりしている人は多く、意外とすんなりいくものです。ただし、「会議に出ることしか仕事のないおじさん」が抵抗勢力になることがあるので、ご注意を。

コロナ禍により会議が減ったかと思ったら、今度はリモートでムダな会議を継続しようとする人もいるそうですから、なかなか根深い問題でもあります。

⦿やめるのが無理なら「絞り込む」「変える」

自分の業務をすべて書き出したら、それを点数化するのがいいでしょう。そして、点数の少ないものから、なくせないかを検討していくのです。

「やめる」のが難しそうなら、「絞り込む」「変える」という視点で考えてみると、発想が広がります。**ムダな会議をゼロにはできなくても、「週1から月1に絞り込む」「資料の送付に変える」「情報共有は社内SNSの運用に変える」ことはできる**かもしれません。

あるいは、「会議自体を意味のあるものに変える」という発想もあるでしょう。例えば、「リモート会議の単位を30分刻みにして効率を上げる」「アイデアを出し合う会議は各自事前準備をした上で共有。時間も30分など限定する」「〝決める会議〟は参加者を決裁者に絞る」といったように。

そうして、ムダな仕事にかけていた労力を、本当に必要な仕事にあてる。これが、40代の時間管理のスタートです。

Point

まずは「やらなくていいことをリストアップする」。それが40代の時間管理のスタートだ。

業務絞り込みの「質問」

以下の質問を自分に問いかけることで、
「どの業務を絞り込めばいいか」が
見えてくるはずだ。

Q この会議は必要か

なくせないか。回数を減らせないか。
参加者を減らせないか。資料の配布で済ませられないか

Q この資料や報告は必要か

なくせないか。メール等で済ませられないか。
回数を減らせないか。プリントアウトする必要はあるか。
保管する必要はあるか

Q これはオンライン化できないか

会議。報告。出張。商談。回覧。決済

Q この場にこの人は必要か

会議で発言しない人。
ただついてくるだけの出張同行者など

Q これは自部門がやるべきことなのか

Q これは自社がやるべきことなのか

02

「10分間」を最大限に生かす

仕事と仕事の間、アポイントの待ち時間、移動時間……。意外と多いこうした「スキマ時間」。できる人はここを最大限活用し、時短を実現しているという。

⦿「コマ切れの10分」はアイデア出しに最適

人間が集中できる時間は、15分から20分だと言われています。私も学生時代、1コマ50分程度の授業がものすごく長く感じられ、20分過ぎたあたりで気が散ってしまっていたものです。

仕事をしていると、10分や15分というコマ切れ時間が数多くあることに気づきます。実はこの**「10分」こそが、忙しい中で最大限の成果を上げなくてはならない40代にとって、生産性を飛躍的に高める魔法の時間**なのです。どんなに忙しくても涼しい顔で実績を上げ続ける人は、このコマ切れ時間の使い方が非常にうまいというのが、多くの人を見てきた私の印象です。

コマ切れ時間にやる仕事としてぱっと思い浮かぶのは、事務処理やメールの返信といったノンコア業務です。もちろん、それも悪くないのですが、せっかくの「集中力が持続する魔法の時間」です。ここにコアな仕事を入れてしまいましょう。

中でも多くの人が実践しているのが**「10分間アイデア出し」**です。アイデアは、机の上で長時間うなっていても生まれません。ただし、常に頭の中に入れて「熟成」させた上で、短時間のアウトプット時間を設けることで、脳内が整理されてアイデアが生まれます。クリエイティブや作家の世界ではこれを「神が降りた」などと呼びますが、そのための時間として「10分」のコマ切れ時間は最適なのです。

忙しい人ほど、同時に何件もの案件を抱えているもの。ただ、一流のクリエイターと呼ばれる人のほとんどは、「A社の案件が終わったらB社」「それが終わったらC社」というような仕事はしていません。A社、B社、C社を同時並行で進め、あえて結論を出さずに熟成させていく。そして、そんな中でできた「10分」で、熟成されたアイデアを一気に収束させるのです。

⊙他にもある、効果抜群の「10分仕事」

似たものとして、**「ひとり10分間ブレスト」**もお勧めです。新しい企画、提案、業務改善など、テーマはなんでもOKです。PCでもホワイトボードでも大きな紙でもなんでもいいので、思いついたことを10分間、バンバン書き込んでいきます。どんなに気分が乗っていても、10分経ったら終わりです。あとでそれを見直してみると、思いもよらなかったアイデアが見つかったりするものです。

営業やマーケティングの人にお勧めしたいのは、**「10分間顧客分析」**です。顧客分析、あるいは市場分析というのは、その気になればいくらでも時間をかけられます。その結果、ひたすら情報を集めることに終始して、「なんのための分析か」を見失ってしまうことがあります。

そこで、あえて時間を絞るのです。例えば、「明日会うお客様がどんな切り口に興味を示しそうか」というテーマを決めたら、10分間、ひたすら情報を分析し、仮説を立てていくのです。

10分経ったら、不十分だと感じても、それで終わりです。不安に思う人もいると思いますが、実際にはそれで十分なことが大半です。実際、その後30分、1時間と続けても、それ以上いい情報や切り口が浮かんでくることはあまりないものです。

もう一つのお勧めが、毎日仕事を始める前の**「準備の10分」**です。

今日何をやるのか、そのためには何が必要か、どこに注意すべきかを、10分間かけてひたすら上げていくのです。

仕事の予定が立ちやすくなるのはもちろんですが、これはむしろ「仕事のエンジンをかける」という側面が大きいのです。学生時代、朝イチで英単語や漢字の書き取りテストをやりませんでしたか。あれと同じようなものです。

こうした「10分でやること」を常にリスト化して、手元に持っておきましょう。すると、**アポイントまでの待ち時間やタクシーでの移動時間が、非常に重要な仕事時間に変わります**。あるいは、仕事と仕事の間に常に、この10分のインターバルを設けるようにしてもいいでしょう。

時間が何よりも貴重な40代にとって、10分は「たかが10分、されど10分」です。ぜひ、有効に使ってください。

Point

スキマ時間の「10分」ですべきことを常に用意しておこう。しかもそこに「コア」な仕事を詰め込め。

03

自分の仕事をレコーディングし、改善する

「残業削減」のとばっちりを一身に受ける40代の中間管理職。部下を早く帰すために自分が残業する。そんな状況を打開する「ある秘策」とは？

⊙いきなりの「残業禁止」で、すべての仕事がマネージャーに！

ＩＴ企業に勤めるＤさんは、40代でマネージャーに。それとほぼ同時に、ＩＴ業界に「働き方改革」の波が押し寄せました。この業界では深夜残業や休日労働が当たり前だったのですが、それが「ブラック企業」の名のもとに糾弾《きゅうだん》されるようになり、働き方の転換が求められるようになったのです。

Ｄさんの会社もご多分に漏れず、それまでは長時間残業が当たり前でした。そこに急遽、残業時間の制限が行われたため、現場は大混乱。当然、仕事は回らなくなり、それをマネージャーであるＤさんが一人で抱え込むという状況が続きました。

この状況を打開するヒントになったのは、当時、Ｄさんがプライベートで行っていた

「レコーディング・ダイエット」でした。岡田斗司夫さんが自らの体験を綴った著書『いつまでもデブと思うなよ』(新潮社)で紹介したダイエット法で、その日に食べた物とそのエネルギー量を記録するだけで、自分の食生活を見直し、改善するきっかけとなるというものです。ブームになったので覚えてらっしゃる方もいるでしょう。

これを実践し効果を実感していたDさんは、仕事にも応用できるのではないかと考えたのです。以前読んだドラッカーの書籍の一節「時間を記録せよ」という言葉も、それをあと押ししました。

⦿「レコーディング」するだけで、仕事が速くなった!?

彼が最初に行ったのは、**週5日で仕事に使える時間の総量の把握**でした。1日8時間労働だとしても、定例会議などで実際にまるまる8時間使えるとは限りません。Dさんはそのあたりも踏まえ、週5日で自由に使える時間を確定。そして、その時間内ですべての仕事を終わらせることを決意したのです。

その上で、自分の仕事時間を細かく計測しました。例えば、「報告書作りに○○分」「部下のデータのチェックに○○分」といった具合に時間を見積もって手帳に書き込み、その後、実際にどのくらい時間がかかったかを記録。計測の際にはスマホのストップウォッチ機能を使うというこだわりぶりでした。

これを繰り返した結果、事前に見積もった時間と実際の仕事時間がほぼ正確に一致するようになりました。

重要なのはここからです。こうして「見積もりと記録」を続けていくうちに、当初、90分かかると見積もっていたタスクが80分で終わるようになり、さらに70分、60分と短くなっていったのです。しかも、仕事のクオリティも明らかに向上していきました。**所要時間を見積もる際、自然と「どうすればもっと速くなるか」を考える習慣がついていたのです。**「提案書や企画書はゼロから作らず、テンプレートを活用する」「微妙なニュアンスのやりとりにはメールではなく電話で」など、さまざまな時短ノウハウも生み出されました。

また、記録を見返す中で、アイデアを出すタイプの業務は朝イチか夜のほうが効率が良いことがわかり、その時間を優先的にアイデア出しの時間にあてる、という工夫もできるようになりました。

こうした工夫の結果、当初はとても無理だと思われていた「週5日、ほぼ残業なし」を実現することができたのです。

◉横展開により、全社的な「時短」が実現

さらに、Dさんは、そのノウハウをチームメンバー全員に横展開しました。すると、チーム全体の効率も業績もアップ。それを聞いた社長のあと押しで全社にこのメソッドを導入したところ、大幅な効率化が実現。会社の利益は約3年で倍増し、株価も同様に倍増。Dさん自身の年収も2ケタパーセントのアップとなりました。

私もこの会社のことをよく知っているのですが、かつては残業200時間という人がゴロゴロいるような、典型的な長時間労働の会社でした。それがほんの数年で変わってしまったのですから、いまだに驚きを禁じ得ません。

自分の仕事を「レコーディング」するだけで、自分の時間の主導権を自分に取り戻すことができるのです。ぜひ、試してみてください。

Point

まずは自分の仕事時間を「レコーディング」してみよう。
それだけで時間のダイエットが可能に。

04

「時間泥棒」を思い通りに操る

部下からの「ちょっといいですか？」という相談に対応していたら1日が終わっていた……。どうやったら自分の時間の「主導権」を握れるのだろうか。

⦿40代の切実な願い「邪魔されない時間がほしい！」

中間管理職、あるいは部下はいなくても「中堅」と呼ばれる世代である40代は、周りの人に目を配らねばならない立場です。自分の仕事をいかに効率化したところで、「ちょっといいですか？」と部下に相談を持ちかけられたり、上司から「これをやってほしいのだが」と頼まれたりして、その対応でいつの間にか1日が終わっていた、ということも多いのではないでしょうか。

とはいえ、せっかく頼ってきた部下に「今は忙しいから」とはなかなか言えませんし、「私に話しかけないで」オーラを常に放っているようでは、マネジメント能力を疑われてしまいます。

一番簡単なのは「どこかに籠《こも》る」こと。スケジューラーに得意先の名を書いて、カフェや図書館で自分の仕事をする人はたくさんいます。ある人は、耳にイヤホンマイクをつけ、テレビ会議を装って自分の仕事をしているそうです。

ただし、それは結局、その場しのぎでしかありません。

大事なのは、**「時間泥棒」に時間を奪われないよう「時間の主導権を握る」こと**なのです。これは、40代のタイムマネジメントの根幹をなす能力だといえるでしょう。

⦿集中モードのときに部下から相談されたら、どうする？

例えば、部下からの相談です。あるメーカーの研究所の管理職として活躍するFさんは、以下のように対処していたそうです。

まず、集中して仕事をしているときに、「ちょっといいですか？」と声をかけてきた人に対しては、**「5分ならOKだけど、じっくり話すべきことなら16時半から時間取れるよ」といった返事をする**ようにしていたそうです。

これは二つの意味で効果的です。まず、「5分」と制約を提示することで、時間がずるずる長引くことがなくなります。相手も時間内で要領よく話そうとするため、結局、効率もよくなります。

一方、「ちゃんと話したいなら○○時から」と提示することで、じっくり相談したい人のニーズにも対応できるのです。

また、Fさんは相談を受ける際、相手が「ただ聞いてほしいのか」「ジャッジしてほしいのか」「答えをほしがっているのか」「自分でも考えがまとまっていないのか」と、相手の心理を推察しながら聞くようにしていたそうです。

ただ聞いてほしいという人は、こちらもじっくり話を聞く。ジャッジしてほしい人には、「一度、提案にして持ってきてくれる？」と返す。一方、答えをほしがっている場合や、自分でも考えがまとまっていない場合は、ある程度話を聞いた上で「改めて後日また話そうか」と提案するそうです。

それを徹底することで、今度は部下のほうも「提案だからもう少し考えをまとめてから話そうか」などと意識するようになるそうです。

⦿上司からの呼び出しは「先回り」で防げ

もう一つの時間泥棒が「上司」です。必要な用事ならともかく、ちょっとした思いつきで呼び出されたり、暇つぶしの相手にされたりしたらいい迷惑です。

そこで大事なのが、上司の「先回り」をすること。**「そろそろ報告を求められそうだ**

な」と思ったら、聞かれる前に報告する。「これについて相談がありそうだな」と思えば、先回りして答えを提供する。こうすれば、上司から突然、呼び出しを食らうことを防げるようになります。

同時に、「上司や本部への報告書」や「帳票」といった書類をいかに減らすかも重要です。コロナ禍でだいぶ減ったのではないかと思いますが、今でもまだ、すべての報告書をいちいちプリントアウトし、ハンコを押して上司に提出、という意思決定プロセスが中心になっている企業があります。私はこれこそ、日本企業の生産性の低さの原因だと思っています。

コロナショックは、こうした悪しき慣習を変えるチャンスになります。「この書類はないほうが仕事が速く回るのでは?」「この機会にぜひ、働き方改革を実現しましょう」など、前向きな言葉で改革を進めていきましょう。

Point

上司や部下とのコミュニケーションの方法を見直せば、「集中時間」はいくらでも作れる。

05

何があっても「時間割」をきっちり守る

仕事は、立てた予定通りに終わるとは限らない。予定が狂ったとき、どうするか。時間の達人になれるかどうかのターニングポイントがそこにある。

⦿時間通りに終わらない……。そのとき、どうする？

Q　今日の17時までに終わらせるつもりの仕事が終わらず、あと2時間ほどかかってしまいそうだ。そのとき、あなたはどうする？

A1　2時間で終わるなら、そのまま仕事を続ける。一度集中が切れてしまったら、それを取り戻すのに時間がかかってしまうから。

A2　あくまで予定していた17時に仕事を終える。中途半端なところで終わろうと関係ない。

さて、あなたはどちらを選びますか？

「一度手をつけたら最後までやったほうが効率的」という1の答えのほうが、一見、理にかなっているように思います。

しかし、多くの「できる人」に話を聞くと、むしろ2の選択肢を取る人が多いのです。**予定していた時間が来たら、そのタスクが終わっていなくてもいったんそこで終了し、次に予定していた仕事に着手する。**そして未完了だったタスクの残りは、翌日以降のスケジュールに再び振り分け直すのです。

その理由として、「そもそも、できる人は忙しい」ということがあります。スケジュールがぎっしり詰まっているので、一つの仕事を引き延ばすと、玉突きのように別の仕事に影響が出てしまうのです。

しかし、それ以上に彼らは、**「決められた時間以上にダラダラと仕事をしても成果は出ない」ということを知っている**のです。「間に合わなかったら延ばせばいいや」という甘えがあると、どうしても集中力は落ちてしまいます。それが仕事の質を低下させることを恐れているのです。

◉あえて「中途半端」で終わらせよう

先ほど「レコーディング」による時間管理方法をご紹介しましたが、時間の見積もりが最初からうまくいくことなど、まずありません。ある調査によれば、見積もった時間に対して、実際には１・５倍の時間がかかるのだそうです。

それでも、最初に立てたスケジュールを崩さない、ということが重要です。

学生時代の「時間割」を思い浮かべてもらえると、わかりやすいと思います。１限が「国語」、２限が「数学」、３限が「英語」、４限が「体育」などという時間割が事前に組まれており、時間が来たらそこで、授業はスパッと終わります。

同様に、１日の仕事を時間割のように組み、時間が来たらスパッとやめる。それを徹底することが、「時短」と「成果」を両立させるコツなのです。

学校と違うのは、時間割を自分で自由に組んでいいこと。例えば、金曜日はいくつかコマを空けておいて、やり切れなかったタスクを入れるなどの調整をするのです。

こうした時間管理を徹底していたのが、某企業で敏腕管理職として活躍したＧさんです。マネージャーの仕事は、この時間割を絶えずパズルのようにやりくりすることだと言い切っています。

Gさんの時間術には、もう一つ工夫がありました。それは、時間が来た際に「あえて区切りの悪いところで終わらせる」ということです。

例えば、プレゼン資料を作成している途中に時間が来てしまったら、多くの人は「このスライドだけは仕上げて終えよう」と思うでしょう。しかしGさんは、文字が書きかけだろうと、線を引いている途中だろうと、その場ですっぱりとやめてしまいます。

当然、すっきりしません。ただ、あえて**「気持ち悪さ」が残るような中途半端なところで終えたほうが、仕事を再開した際、すぐにエンジンがかかる**のだそうです。

他にもGさんは、「いいアイデアや発想は時間ではなく回数から生まれる」という考えから、アイデア出しの時間をあえて小分けにして複数回持つなどの工夫をしていました。皆さんもぜひ、「時間割」を意識して予定を組み、それに従って仕事をしてみてください。

Point

時間内に終わらなかった仕事はスパッとやめる。ダラダラと続けても成果は出ない。

06

水曜午前は「重要で緊急でない仕事」だけをする

「重要で緊急の仕事」に真っ先に手をつけるのは当然のこと。では、その次は？ここでどう答えるかで、あなたの「時間活用力」は大きく変わる。

⦿「例のマトリクス」の評判が悪いワケ

ここまで紹介してきたタイムマネジメントに共通するポイントをひと言で表せば**「できる40代は、〝重要な仕事しか〟やらない」ということに尽きます**。それが最短で成果を出すコツなのです。

ところで、仕事の優先順位を決めるにあたり、よく使われるのが「重要度の高低」と「緊急度の高低」のマトリクスです。皆さんも一度はご覧になったことがあると思います。古典的でありつつ、今でも十分通用するメソッドです。

ただし、一方でこのマトリクス、非常に評判が悪いのです。曰《いわ》く「やってみたけど、成果はまったく出なかった」「チームメンバーにやらせてみたけど、結局、業績は変わ

「例のマトリクス」（重要度と緊急度のマトリクス）

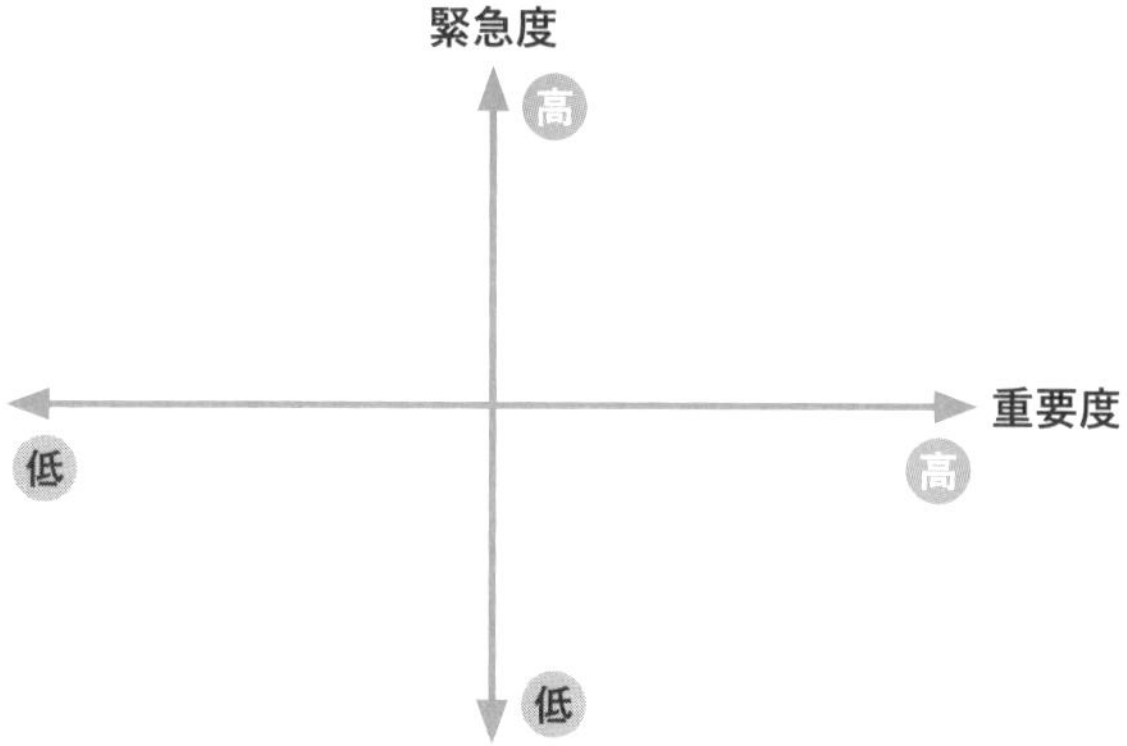

らなかった」。私の行っている研修でも、そうした声をしばしば耳にします。

ただし、これはマトリクスのせいではありません。使い方を間違っているのです。

マトリクスを記入後、多くの人は右上の「重要度が高い」「緊急度が高い」タスクから手をつけようとします。ただ、そんな重要な仕事は、マトリクスを使わなくてもわかります。このマトリクスの本当の意味は、右下の**「重要度が高い」けれど「緊急度が低い」をあぶり出し、早急に手をつけること**なのです。

しかし、多くの人は「重要度も緊急度も高い」ものから手をつけ、その後「重要度は低いが緊急度の高い」仕事をこなし、そこで満足してしまうのです。

◉コア業務の時間には、絶対に別の仕事はしない

「重要度が高い」かつ「緊急度が低い」仕事とは、営業部門でいえば「新規顧客の開拓」「休眠顧客の掘り起こし」などが典型でしょう。ここをおろそかにすると、既存顧客の売上が落ちる一方で新規顧客の流入が追いつかず、いつまで経っても業績が伸びない。その結果、常に目先の売上目標に追われる羽目になるのです。

それが後々、ボディブローのように仕事に影響を与えます。

・重要度が高く、緊急度の低い仕事の例

営業部門：新規顧客の開拓、休眠顧客の掘り起こし、営業プロセスの改善など

技術部門：新しい技術の習得、基礎的な研究の推進など

管理部門：業務のシステム化、スタッフのマルチタスク化など

あなたがいつも仕事に追われているとしたら、それは「重要度が高く、緊急度が低い」仕事に取り組んでいないからだという可能性が高いのです。

一方、「できる人」ほど、「重要度が高く、緊急度が低い」仕事を重視します。具体的には、こうした**コアな仕事をする時間を、ルーティンの中に組み込んでいる**のです。

例えば、水曜の午前中をそれにあてると決めたら、その時間は絶対にそれしかやらない。営業部門であれば「水曜日の午前は新規顧客開拓」などと決めてしまって、他の仕事をブロックするのです。

緊急の要件が入ろうがクレームが入ろうが、あと回しにします。ここで例外を作ると、なし崩し的にこの時間が奪われてしまいます。それが難しいという人は、「年に3回だけ例外カードを切れる」などの自己ルールを決めておくといいでしょう。

もちろん、水曜の午前である必要はありません。最も邪魔が入る確率が低く、自分にとって能率が上がる時間がいいでしょう。ただし経験上、ちょうど中日に当たるこの「水曜の午前」にこうした仕事を入れている人が多いように思います。

Point

「重要だけれど緊急度が低い」仕事こそ今すぐすべき。真っ先にルーティンに組み込もう。

07

「時間ができたらやりたいことリスト」で心の危機を乗り切る

仕事を効率化し、時間密度を上げるのが、40代の時間管理の基本。しかし、そんな日々に疲れを感じることも。心を支える「とっておきの方法」とは？

⊙ある経営者を救った「魔法のカード」

40代はする必要のない仕事を排除し、本当に重要な仕事のみに注力すべき、というお話をしてきました。しかし、あまりに仕事に効率ばかりを求めると、心がささくれ立ってくるのも事実。それでも忙しさが一向に変わらず、無力感を抱くこともあるかもしれません。

のちに経営者にまで上り詰めたHさんの40代も、まさにそんな毎日でした。難易度の高いプロジェクトが重なり、これまで経験したことのないような忙しさの中、心が限界ギリギリまで追い詰められていたそうです。

そんな中、ふと「この忙しさが一段落したら、何をやりたいか」という自問が頭をよぎったそうです。そして、無意識に**引き出しの中にあった名刺大のカードを出し、そこに「時間ができたらやってみたいこと」を書き込んでみた**のです。夕方のことだったのでしょう。西日が目に入ったことをよく覚えているそうです。

すると、どうでしょう。たまに時間ができたときにこのカードを見返すことが、Hさんの何よりの楽しみになったのです。

内容は、「家族旅行で明治村に行く」「実家に帰省する」「マンガ『メジャー』を全巻読む」「タイガースの試合を見に甲子園へ行く」「『坂の上の雲』を読み直す」といった、ごく些細《ささい》なものばかり。

それでも、この**カードを書いている瞬間、そして見返している瞬間は、直面している現実を忘れワクワクした気持ちになれた**といいます。

⦿小さくてもいいので「希望」を書き出し、眺めよう

その後も仕事に追われているときや疲労を感じるときなどに、薬を飲むようにこのカードにメモし続けました。Hさんは経営者となった後年、「カードに書いたことが実現できたかどうかではなく、カードを書くことにより、そのときのどんよりした気持ちが切り替わり、希望を持つことができた」と、当時を振り返っています。

Hさん自身は無意識だったと思いますが、この方法は、「たとえ小さくても、希望が見えた瞬間にモチベーションが高まる」という「希望の法則」に合致するとともに、「すべきこと」と「やりたいこと」とのバランスを取ることで心の健康を保つという、まさに一石二鳥の方法だったことがわかります。

カードでなくても、手書きのノートでもスマホのメモでも、PC上のファイルでもなんでもいいでしょう。「時間ができたらやりたいこと」を今すぐ書き出してみてください。10分ほどの「スキマ時間」をこれにあてるのもいいでしょう。

それが、日々、仕事に追われるあなたの支えとなってくれることでしょう。

◉「第3の時間」は、心と脳を活性化してくれる

同じ効果が期待できるものに、「第3の時間」を持つという方法があります。

「第3の時間」とは、仕事でも、家族との時間でもない時間のことです。「空白の時間」と呼ぶ人もいます。その**第3の時間を、今の仕事とは関係のない「やってみたいこと」にあてたり、空想したりする時間として使う**のです。

アメリカの企業では社員にこうした時間を持つことを奨励しており、3Mの「15%カ

ルチャー」、グーグルの「20%ルール」などが有名です。それぞれ、仕事時間の一定の割合をそうした時間にあてよということで、3Mのポスト・イットや、Gmailをはじめとしたグーグルの各種サービスがこうした時間から生まれたことは有名な話です。

こうした時間は心の支えになってくれるとともに、クリエイティビティを発揮する一助ともなってくれるのです。

「少し早く家を出て、無人のオフィスで過ごす」「帰宅前に1時間ほどカフェに寄る」……方法はいろいろありますが、毎日が家とオフィスとの往復で終わってしまっているという方は、ぜひ意識してみてはいかがでしょうか。

Point

「時間ができたらやりたいこと」を書き出し、持ち歩こう。それがあなたを支えてくれる。

Column

突き抜けた40代②

「好き」をひたすら突き詰めて起業

現在、キャンピングカーの製造会社を経営するFさんの人生はまさに、「好きこそ物の上手なれ」を体現したものです。

大学時代に放送作家のバイトにハマり、そのまま大学を中退。放送作家としての道を進み始めていたFさんでしたが、突然、師匠が他界してしまい、業界に残ることが難しくなってしまいました。

そこで次に選んだ仕事は、なんとゲームデザイナー。世界観やキャラクター、ストーリーで勝負するという意味で、放送作家と近い仕事だと考えたのだそうです。

急成長するゲーム業界の波に乗り、Fさんの会社はいくつものヒットタイトルを生み出しました。自身も3000万円を超える年収を得るなど、まさに順風満帆。

ただ、人を増やすのが難しい中、いつの間にか自分で自分の作ったゲームのバグをつぶす作業に延々と時間を取られることが増えていきました。

「これでいいのか」という疑問を常に抱いていたFさんは、ついに、ゲーム業界からの撤退を決断したのです。

当時、40代を迎える直前だったFさんは、ここで思い切った行動に出ました。仕事をきっぱりとやめ、たった一人で自宅マンションのリフォームをすることにしたのです。Fさんは異常に手先が器用な人で、大工仕事も内装も設備系の仕事もプロ並みにできてしまうのです。

とはいえ当然、その間は「無職」です。実に4年間、家族4人はそれまでの貯えで生活したそうです。

そして40代を迎えたFさんは、新たな分野に飛び出します。「やはり自分はモノ作りがしたい」と、車を改造してキャンピングカーにするビジネスを開始したのです。コンセプトは「手軽な価格で手に入るキャンピングカー」です。なんでも作れる手先の器用さを武器に、Fさんがすべての部品を手作りしたため、コストが大幅に削減できたのです。

ちょうど東日本大震災が起きたタイミングだったこともあり、需要が急増。そのまま経営を軌道に乗せ、今に至ります。

誰もがこんなふうに「好き」だけで行動を起こせるわけではないでしょう。しかし、好きなものをとことん突き詰めてきたFさんのエピソードは、**「40代でもまだまだ好きなことに挑戦していい」と、我々をあと押ししてくれている**ようでもあります。

第6章

【人脈編】
40代からは「誰とつながっているか」で勝負が決まる

01

20代に戻ったつもりで「新しい人脈の開拓」を

40代ともなれば、ある程度の人脈はあるはず。しかし、本当にそれだけで十分なのかといえば、答えは「ノー」。人脈作りに「遅すぎる」ことはない。

⊙30代で人脈を絞り込み、40代で再び広げる

私はかつて『30代を後悔しない50のリスト』（ダイヤモンド社）という本を書いた際、「30代は付き合う人を選ぶべき」と主張しました。

なぜなら、この世代は良くも悪くも人からの影響を受けやすいからです。この時期に受けた影響で、その後のビジネスパーソン人生が決まってしまうと言っても過言ではありません。「朱に交われば赤くなる」「孟母三遷《もうぼさんせん》」ではありませんが、悪い影響を与える人とはなるべく付き合わず、自分にとって「プラスのエネルギー」を与えてくれる人を選んで付き合うべきだということです。

20代ならむしろ、好き嫌いせずにさまざまな人と出会い、人脈を広げていくべきでし

ょう。しかし30代はいったん、その人脈を絞り込む時期だと思うのです。

では、それを踏まえて、40代の人脈作りはどうすべきなのか。結論から言ってしまえば、**40代になったら再び「人脈は自ら作るもの」と意識を変え、積極的に人脈を広げていくべき**だと思います。

この年になれば、長年の仕事によって、自然と形作られてきた人脈もあると思います。時間をかけて作られた人脈は強固であり、いざというとき電話一本、メール一本で一肌脱いでくれるのも、こうした人たちです。

ただし、その人脈に安住してしまっては、それ以上のことはできないのも事実。同じ仲間とばかり接することで、視野が狭くなってしまう危険性すらあります。

◉「40代からの人脈」で世界が変わった!

私のことを「人脈の達人」と呼んでくださる人がいます。確かにこれまで3万人を超える人とお会いし、1万人の人とは深い話をしてきました。各分野に、ピンチのときに助けてくれたり、情報をくれたりする人もいます。

私の場合、幸運だったのは、入社したリクルートで配属された部署が社運をかけた事業部で、全社から選りすぐりの人材が集められていたことです。そこで同僚だった人たちがのちに各界に羽ばたき、貴重な人脈となってくれました。また、ＭＢＡ留学をしたことも、幅広い人脈作りに役立ちました。

ただ、それはあくまで本業に関する人脈です。**本当の意味で「幅広い人脈」を手に入れることができたのは、実は40代のとき**でした。

私は長年、「本を書きたい」という夢を持っていました。40代になって初めて、その夢を実現できたのですが、その際、どのような内容の本を書けば読者に受けるのか、試行錯誤を繰り返しました。

当時、私の周りにいた人たちは、私と同じような立場の人ばかりだったので、いわゆる「一般人の目線」は手に入りませんでした。そこで、書評家が主催するセミナーや出版社のパーティーなどに、積極的に参加することにしたのです。そこで得られる情報がきっと、ヒントになると思ったからです。

こうしたセミナーには、他にも「本を書きたい」という人が数多く来ていました。しかし、本を書きたいという思いが共通するほかは、年齢も性別も、専門とする分野もまったく違う人々です。

彼らはみな積極的で、席に着くや否や周りに座っている人すべてと名刺交換を行い、初対面の人とともにこやかに歓談を始めたのです。懇親会でお酒が入るとさらに親密になり、いろいろな話が聞けました。

一方で私も、自分のことを話す中で、「一般の人はどんなところに興味を持つのか」をつかむことができました。それが書籍の内容に役立ったことは言うまでもありません。

それだけではありません。ここで出会った人がのちにビジネスパートナーになったり、重要な人物を紹介してくれたりと、元々の人脈に勝るとも劣らないほど、貴重な人脈になってくれたのです。

こうした経験があるからこそ、私はぜひ40代になったら「新しい人脈の開拓」に励んでほしいと思うのです。

Point

40代からでも新しい人脈は十分作れる。むしろ、今の人脈に安住すると視野が狭まる。

02

「友達の友達はみな友達作戦」で人脈作りを

「なるべく幅広い人脈を手に入れろ」と言われても、どうやって他業種の人と知り合ったらよいのだろうか。「人脈の達人」たちの方法をご紹介。

⦿「週1」の機会を最大限生かしたワーキングウーマンの人脈術

そもそもなぜ、人脈は必要なのでしょうか。

その答えはいろいろあるでしょうが、あえて一つ挙げるなら**「人脈からは、ネットを検索しても出てこないような情報が手に入る」**ことでしょう。その情報こそが、周りと差をつける大きなポイントになるのです。

私にとって、新人のときの指導員だったTさんがまさに、こうした存在でした。のちに官僚の世界に進んだTさんですが、ことあるごとにいろいろな会合に連れて行ってくれました。その席では「こんな話、聞いてもいいのか」というような情報が飛び交っていました。

ある会合では、中小企業の社長がとっておきの採用術を教えてくれました。大学に直接飛び込むのではなく、学生寮にアプローチをするというもので、どんな採用コンサルタントも教えてくれない、まさに「裏ワザ」です。この社長は飲みの席で惜しげもなくこの方法を伝授していましたが、まさに数千円の飲み代で、数百万円分の価値が得られると思ったものです。

40代からの人脈は同じ業界や業種だけでなく、幅広い分野に広げていくべきです。とはいえ、公私ともに忙しい40代が、他分野の人と知り合う機会はなかなかありません。

ここでは、経験を積んだ40代ならではの人脈術をご紹介したいと思います。

業界では知らない人がいないほどの有名人であり、ワーキングウーマンとして活躍するIさんが取ったのが「友達の友達はみな友達」作戦です。

彼女は30代後半で出産したため、40代は子育てで忙しく、人脈作りになかなか時間をあてられない状況でした。そこで、旦那さんと相談し、「木曜の夜だけは旦那さんが一人で子供の世話をして、Iさんが自由に使っていい時間にする」ことにしたのです。

ただし、木曜だけで人脈を広げるのは限界があります。そこで彼女は、この木曜日を**「会いたい人を全員、一堂に集める日」**としてしまったのです。

もちろん、Ｉさんにとっては知人でも、知人同士はそのとき初めて顔を合わせるわけです。Ｉさんが意図したわけではないのですが、そこに集まった人同士が意気投合し、一緒にビジネスを始めたりといったケースが出てきたのです。

するとますますこの会が評判になり、新しい人が新しい人を連れてくるという好循環に。まさに「友達の友達はみな友達」で、Ｉさん自身の人間関係もどんどん広がっていったのです。

⦿「飲み会はちょっと……」という人は「勉強会」を開いてみよう

Ｉさんの場合は無意識でしたが、「人脈の達人」と呼ばれるような人は、人と人を引き合わせるのが好きな人が多いものです。私の師匠であり、やはり人脈の達人と呼ばれる藤原和博氏がまさにそういう人です。

彼は人と人をつなぐのが大好きで、飲み会に知らない人同士を集めるのはしょっちゅうでした。さらに、自分は途中で帰ってしまうので、その後は初対面の人同士の会合になります。関係を深めるいいきっかけとなりました。

しかも、ときにはさだまさしさんといった著名な芸能人や、誰もが名前を知っているコンサルタントや作家がやってきたりするので、大いに刺激をもらったものです。

飲み会を主催するのはハードルが高い、そもそもお酒が飲めないという人には、「勉強会」がお勧めです。**同じテーマに関心のある人同士が集まって、定期的に勉強会を開くのです。**そこに毎回違ったゲストを呼ぶことで、人脈はさらに広がるでしょう。

私も40代の頃、同じビジネス書作家である水野俊哉さん、午堂登紀雄さん、内藤忍さんと4名で毎月、勉強会をやっていました。実際には飲み会に毛が生えたようなものでしたが、毎回ゲストとして別の作家や編集者を呼ぶことでいろいろな情報が得られましたし、人脈も広がっていきました。そこから生まれた本もあります。

忙しい40代にこそ、こうした「友達の友達はみな友達作戦」はお勧めです。

Point

時間の取れない40代は、芋づる式に人脈を広げよう。

03

あえて「話の通じない人」と付き合ってみる

知人は多いほうがいいが、そこに「広さ」がないと、かえって視野が狭まってしまう危険性も。それを避けるためには「異質な人」が必要？

⦿「新卒からずっと同じ会社」の人ほど危険！

もし、あなたが新卒から40代までずっと同じ会社で働いてきたとしたら、注意が必要です。自分では気づかぬうちに「同質社会」にどっぷりと浸かり、視野が極めて狭くなってしまっている危険性があるからです。

同じ就職先に集う人は、同じような地域に生まれ、同じような家庭環境や学歴を持った人になりがちです。そんな同質な人たちがずっと一緒に働き続けるうちに、さらにその価値観は近く、狭くなってしまいがちなのです。

だからこそ、意識してもらいたいことがあります。それは、40代になったら**たった一人でもいいので、自分の人脈に「異質な人」を加えてほしい**ということです。

イワシの生け簀《す》のすぐ隣にナマズを1匹入れておくと、イワシが緊張して鮮度が保たれるそうですが、「異質な人」の役割も、それに近いものがあります。自分の鮮度を保つことに一役買ってくれるのです。

これについて思い出すのが、誰もが知る有名企業で役員に上り詰めたJさんです。会社は非常にお堅いイメージなのですが、本人はまさに真逆。「同じようなキャリアを持つ人と付き合うのが一番つまらない」と言い放ち、異業種の人を集めては積極的に交流を繰り返していました。中でもいわゆる「業者」の人と深い関係を結び、業者同士の交流にも一役買っていました。

東南アジアでマッサージ師の資格を取るなど、自らも変わった道を歩んでいたJさんですが、彼のもとにはどんどんユニークな人材が集まってきていました。

◎「世界がまったく違う人」との出会いは楽しい！

あなたがもし銀行員だとしたら、ミュージシャンやアーティストといった組織に縛られずに生きている人たちや、NPOやボランティアに従事する、お金にあまり関心のない人などが、「異質な人たち」になるでしょうか。**「いったい、どんな会話をすればいいのかわからない」くらいに異なる分野の人のほうが、刺激になる**はずです。

私の場合は、それが前述の「著者人脈」でした。医師や弁護士、政治家の秘書、そして「恋愛コンサルタント」といった人たちが一堂に会す場は、なかなかありません。人生の折り返し地点で、異なるカルチャーの人たちと交流するのがどれだけ重要かということを思い知りました。

ちなみにその中で「片づけコンサルタント」を名乗る人にも出会いました。それがのちに『人生がときめく片づけの魔法』を書くことになる近藤麻理恵さんです。初対面のときは正直、「片づけコンサルタントで食べていけるのだろうか」と勝手に心配してしまったものですが、今や世界的な有名人。いやはや、私の完全な見込み違いでした。

ともあれ、もし私が「人脈はできるモノ」と受け身の姿勢を貫いていたら、こうした幅広い人脈を得ることはできなかったでしょう。

◉「ムダな人脈など一つもない」と心得よう

40代以降になると、公私でいろいろなことが起こります。医師や弁護士、税理士といった専門的な知識を持った人のアドバイスは、非常に心強いものがあります。私も会社経営をするにあたり、こうした人脈に何度も救われてきました。

ただ、それこそ意外な人との人脈が思いもよらないところで役立つことがあります。

どんな手土産を持っていくか迷い、知り合いの「スイーツブログの発信者」に相談したところ、先方がたいそう気に入ってくれて商談が成立した、という人もいます。

私の知り合いの編集者は、自分のアイデアが面白いかどうか、「パートの知人」「自由業の友人」「海外勤務の元同僚」などさまざまな人に投げて、反応を探るそうです。そうした意味で「ムダな人脈はない」と言い切っています。

いつ何時、どんな知見や専門性が必要になるかはわかりません。**「ムダな人脈などない」という気持ちで、異質な人をどんどん、自分の人脈の中に取り込んでいく**といいでしょう。

Point

「話題が見つからない」というくらい異質な人との関係が、あなたの人間としての幅を広げてくれる。

04

40代で「圧倒的支持者」を得られる人が成功する

成功者にはみな、その人を支えてくれる「圧倒的支持者」がいるものだ。しかし、そんな強固な人脈は、狙ったところで作れるものではない。では……？

◉芸術家にパトロンあり。名経営者に「圧倒的支持者」あり

人脈には「広さ」と同時に、「深さ」も重要です。「100名の知り合いより一人の圧倒的な支持者」とも言われるように、**成功者には「この成功の裏にこの人あり」という圧倒的支持者が存在していることが多い**ものです。

中世ヨーロッパの芸術家たちの活動の裏に、「パトロン」と呼ばれる人々がいたことはよく知られています。現代の名経営者にも、創業期から支えてくれた恩人がいることが多いものです。例えば、ソフトバンクの孫正義氏には、シャープ元副社長の佐々木正氏という圧倒的支持者がいました。商品を売り込みに来た孫氏に親身にアドバイスを送り、ときには銀行の保証人になると言ってくれるほど彼を支持し、支えてくれたといい

ます。

私も身近でまさに、そうした実例を見たことがあります。

発芽野菜のリーディングカンパニー、村上農園の村上清貴氏は、テレビ東京の「カンブリア宮殿」への出演経験もある著名な経営者です。私の会社の先輩でもあり、ずっと親しくお付き合いさせていただいてきました。

そんな村上氏が、大ピンチに陥ったことがあります。1996年に集団食中毒事件が発生したときのことです。当初、その原因がカイワレ大根との疑いがかけられたことで、カイワレ大根が主力製品の一つであった村上農園は大ピンチに。その後も需要はなかなか戻りませんでした。

そんな中、村上氏を救ってくれたのは、彼のことを圧倒的に支持してくれていた、ある人物でした。外食チェーンに勤めるその人物は会社に働きかけ、チェーン全店へ村上農園の発芽野菜の導入を決定。村上農園はそのおかげでなんとか危機を乗り切ったのです。

◉もがき続ける姿勢を見せるからこそ「支持者」が現れる

こうした圧倒的な支持者は、得ようと思って得られるものではないと思います。ただ、

何かを得ようと必死になり、周りからのアドバイスや支援を積極的に受けようという人にこそ、そういう出会いが生まれるのだと思います。

ここで、私自身の体験をお話しさせていただければと思います。

私は幼い頃から落ち着きのない子供で、高校受験、大学受験、就職活動と、すべて第一次志望には進めませんでした。成功体験に飢えていた私は、先輩の推薦でなんとかもぐり込んだリクルートで「どうしても成功したい」と焦り、もがき続けていました。

どうしたら「売れる営業マン」になれるのかを日々考え続け、会社の上司や先輩だけでなく、訪問する企業の経営者や管理職に片っ端からアドバイスを求めて回りました。

その様子を見たある方が、私のことを親身になって助けてくれるようになったのです。その人の教えと支援がきっかけとなり、営業が軌道に乗った私は、リクルートでトップ営業マンの地位を得ることができたのです。

ずっとあとに、その方に「どうしてあのとき、あんなに親身になって応援してくれたのですか?」と聞いたところ、「何かをつかもうと必死に手を伸ばそうとしているのがわかったから、応えたいと思っただけだ」とサラリと答えていました。

⊙40代は人脈作りのゴールデンタイム

私は若いうちにこうした人物と出会えたのですが、周りの人の話を聞くと、実は40代になってからこうした圧倒的支持者と出会えた例も多いことがわかります。

そういう人たちに共通するのは、責任ある立場になる中で、どのようにその責任を果たすべきかに迷い、積極的に周囲のアドバイスを求めてきたということです。その真摯な姿勢が共感を呼び、圧倒的な支持者を生み出したのでしょう。

40代は迷いの時期でもあります。また、役職が上がれば上がるほど、孤独になるものです。だからこそ原点に戻り、**多くの人のアドバイスを虚心坦懐《きょしんたんかい》に求めてみてはいかがでしょうか。**

その中から、あなたの圧倒的支持者が生まれるかもしれません。40代は深い人脈を作るためのゴールデンタイムともいえるのです。

Point

「真摯に教えを乞う」姿勢を忘れない。そこから「圧倒的支持者」が生まれる。

05

「人間関係のメンテナンス」を開始する

「年賀状を卒業する」人が増えている。でも、せっかくの接点が失われてしまうのは惜しい。「長く付き合いたい人」とは能動的な関係作りをすべきだ。

⦿「今度また」の今度は、永久に訪れない?

人脈の世界ではよく「今度とお化けは出たことがない」などと言われます。人と会うたびに「また今度、食事でも」「今度、ぜひ飲みに行きましょう」などという会話が交わされるのですが、その「今度」が実現することはほとんどない、ということです。

人脈を広げるためには、新しい人との出会いも重要です。ただ、40代になったらぜひ、**かつて会った人、お世話になった人との「人脈のメンテナンス」**をしていただきたいと思います。

今まで出会ってきた人たちのことを改めて思い出してみてください。そして、「この人とは今後も長く付き合っていきたい」「旧交を温め直したい」という人に対しては、こちらから能動的に「keep in touch」の機会を持ちましょう。

一方、ただなんとなく付き合っているような人とは、徐々にフェイドアウトしていけばいいでしょう。限られた時間で交流できる人の数には限りがあります。**どんな人にも等しく時間をかけるのは無意味なのです。**

接触を持ち続けるにあたって有効な手段としては、「年賀状」があります。最近は年賀状をやめる人も増えていますが、人間関係の「リマインド機能」という意味では、まだまだ有効です。少なくとも現在、年賀状のやりとりをしている人に対して、それをやめる必要はないように思います。

年賀状の機能を補完してくれるのがSNSです。SNSは若者のものだと思いがちですが、代表的なSNSの一つであるフェイスブックはむしろ、40代の利用が多いそうです。

もし、相手がSNSを積極的にやっているのなら、つながっておくといいでしょう。自分から発信することはなくても、誰かの発信をたまに目にするだけでも、つながっているという感覚は持続すると思います。

⊙会えなくなってから後悔しても遅い……

ただ、「できる40代」を見ていると、より積極的な「人脈のメンテナンス」の機会を自分から作っている人が多いようです。

Kさんは、かつてお世話になった取引先の人を一堂に集める会食を年1回、必ず開くようにしています。現役の人だけでなく、すでに担当を外れた人や退職した人も招待するので、集まった人同士の貴重な交流の機会になっているそうです。ポイントは「割り勘」にすること。だからこそ誰もが気軽に参加できるのです。

さらに大規模な交流会を誕生させたのがMさんです。入社20年の節目で同期会を主催したのですが、大規模な会社だけに、同期の数は実に７５０人。都内の大型ホテルの宴会場を借りての開催になりました。単なる交流会ではなく、入社当時の社長や役員、お世話になった先輩からのビデオメッセージを集めるなど、演出にも工夫を凝《こ》らしました。

結果は大成功。旧交を温め合うのはもちろん、これだけ規模が大きいと同期とはいえ互いに顔すら知らない人も多く、新しい出会いも数多く生まれたそうです。また、企画にあたってかつての先輩など関係者と連絡を取り合ったことも、人脈のメンテナンスに役立ったそうです。

この会はその後も定期的に行われることになり、人脈のメンテナンスに一役買い続けています。評判が良いため、今後は毎年開催になるとのことです。

かつて濃厚な人間関係があった人とは、5年、10年の空白があっても、再会すればすぐに当時の関係性が戻ってきたりするものです。ただし、この年になって痛感するのは、**いつでも会えると思って会わないでいると、そのまま二度と会えなくなってしまうケースが増えてくる**ということ。突然亡くなってしまった恩人にお礼を言うことができなかったことを、ずっと後悔している人も多いのです。

その意味でもぜひ、40代になったら「人間関係のメンテナンス」をしてほしいと思います。

Point

今だからわかる「本当に大事な人」とは、人脈のメンテナンスで一刻も早く連絡を取ろう。

06

「年下との人脈」を積極的に作り始める

「年下とも分け隔てなく付き合える人」には、さまざまなメリットがある。40代からはむしろ「年下との人脈」を意識すべきだ。

⦿マネジメントも人脈も「上より下」が鉄則

第2章で「40代からは上司や会社に認められるより、部下に認められることを心がけるべき」というお話をしました。

これまで訪問した数千社、お会いしてきた1万人を超えるビジネスパーソンの話を総合すると、「40代の昇進、昇格のカギを握るのは上司や経営陣ではなく、むしろ部下や後輩など年下である」という結論に至ったからです。

あなたの仕事の成果を上げてくれるのは、上司ではなく部下です。しかも、あと10年もしたらいなくなる経営陣や上司に比べ、部下は少なくとも、自分が会社を辞めるまでずっと付き合いが続きます。「どちらを向いて仕事をすべきか」は明白なのです。

一方、そこを理解できず、上司に媚《こび》を売る一方で部下のことをまったく理解しようとせず、そのことが原因で地位を失った人を私は何人も見てきました。**自己の生殺与奪のカギを握っているのは、むしろ部下のほう**なのです。

そしてこのことは、「人脈」についても言えます。年下との人脈を積極的に作り、それを大事にしていただきたいのです。

あなたの今後の人生において、付き合いがより長く続くのは「年下の人」です。そうした人脈がのちに生かされ、定年後にポストをもらえたり、顧問として雇ってもらえる道も開けるでしょう。

ただ、そうした実利を別にしても、**多くの年下の人との人脈を持ち、年齢が離れた人とも分け隔てなく付き合うことができる人のほうが、人生を圧倒的に楽しそうに送っているの**です。

「年下の人と分け隔てなく付き合える」ことが、その人の人間性の広さの証になるという面もあるでしょう。一方、若者の言動にすぐに目くじらを立てたり、常に上から目線で接するような人はむしろ、「心が狭い人」と認識されてしまう恐れがあるので注意が必要です。

◉若手との人脈で「改革」を成功させた営業課長

ただ、それだけではありません。今の仕事において、年下人脈とのつながりが大いに生かされるというケースもあるのです。

営業の世界では最近、デジタルツールの発達が目覚ましく、それを使いこなせるかどうかで大きな差がついています。ある会社で営業マネージャーを務めるFさんは人望はあったのですが、デジタルには疎《うと》く、この分野で後れを取っているという自覚がありました。

しかしFさんは面倒見が良いため、部門を超えて若手社員と積極的に交流していました。そんな中でいわゆるデジタルネイティブでこの分野に強い若手がいたので、彼に教えを乞うたのです。

その中で、いわゆる「SFA（営業支援システム）」の価値に気づき、その導入に踏み切ることを決断しました。

Fさんがユニークだったのは、このSFA導入の際の社長へのプレゼンを、この若手にやらせたことです。「本当に理解している人がやったほうが伝わる」という判断です。

結果、SFA導入は成功し、業績も上昇。そしてFさん自身も「若手を使いこなせる人」として評価を高めることになったのです。

部下の中には、ある分野では自分よりもよほど能力を持っている人がいると思います。その人に**対抗するのではなく、「部下に教えを乞う」姿勢を取ることができれば、世界はぐっと広がっていく**でしょう。

「年下に教えを乞う」ことに抵抗がある人は、プライベートにおいて趣味の習い事をしてみるのも一案です。特にスポーツなどの分野では、教えてくれるのはほぼ、自分よりも年下の人のはず。年下の人からいろいろと教わっているうちに、抵抗感などいつの間にかなくなっているでしょう。

Point

40代のうちに「年下との人脈」を築いておけば、後々きっと生きることになる。

07

「いい店」に加えて、「自分の店」を持つ

コロナ禍で一時的に下火になってはいるが、人脈作りの王道はやはり「会食」だろう。そんなとき「いい店」を知っている人はかっこいいものだ。

⦿シチュエーションごとに「店」を持っておく

コロナ禍により接待や交流会の機会がガクッと減ってしまったとはいえ、やはり人間関係は直接会ってこそ深まるものである以上、会食や宴会の場は、今後も人脈作りの大きな武器になるでしょう。

だからこそ重要なのが「店選び」です。**「できる40代」ともなると、お気に入りの店をいくつか持っているもの**です。しかも、「役員クラスとの接待に使える店」「気軽に若手と騒げる店」「相手にインパクトを与えられる店」など、会食の目的や参加者、予算別にいい店を知っているものです。

お店選びに王道はありません。最初はネット等で検索して探すにしても、やはり数回は足を運び、雰囲気やメニューをチェックしておきたいものです。

接待の機会の多い上司や先輩に聞くのもお勧めです。同じ会社で感覚が近い人の選ぶ店は、自分にもフィットすることが多いからです。グルメな友人や知人から情報を集めるのもいいでしょう。

また、これはある先輩からの受け売りですが、**一人数万円するような「超一流」という高級店を、一度は経験する**ことをお勧めします。金額が高すぎて手が出ない、という場合は、まず、ランチで行ってみるのも手です。数千円の投資で「一流に触れる」という経験ができるならば、それは決して浪費ではありません。

⦿達人たちは「自分の店」をどのように使っているのか

ただし、重要なのはこの先です。「いい店を知っている」だけではなく、「自分の店」と呼べるような店をぜひ、作ってもらいたいのです。

例えば、製鉄会社に勤務しているNさんは、全国に「自分の店」を持っています。Nさんは各地に点在する製鉄所への出張が多いのですが、中でもよく行く場所については、**出張の際に毎日通う「自分の店」を作る**ようにしていたそうです。

理由の一つは、出張時の食卓代わりです。また、何度も通ううちに店の主人や常連客と仲良くなり、居心地がよくなるとともに現地の情報収集にも役立つそうです。

さらに、「自分の店」ができたことで、出張先の社員を飲みに誘いやすくなるというメリットがあるそうです。現場の社員は、出張してきた社員に対してどうしても壁を感じるものですが、こうして人間関係を築くことにより、職場では話せないようなデリケートな話題も話せるようになったということです。

また、**「自分の店だからこそ無理が利く」**ということもあります。

某企業の総務部門で活躍していたOさん。彼の主催する会合に参加して、驚いたことがあります。

指定された場所は住宅街にある蕎麦屋さん。メニューにおつまみ系はほとんどありません。貸し切りというわけでもなく、他のお客さんも普通にお蕎麦を食べています。

しかし、会が進むと、Oさんがこの店を選んだ意味がわかってきました。料理はほぼすべてオリジナルで、メニューにはないおいしいつまみが続々と運ばれてきます。普通のお客さんが帰ったあとは貸し切りになり、営業時間を大幅に過ぎた10時頃まで会は続きました。それでいて料金はごくわずか。

実はこの店はOさんにとってなんでも無理が利く「自分の店」だったのです。安い料金で時間を気にせずくつろげる会にしたいということで、この店をセッティングしたのです。

お酒は紙パックのまま出てきたりしましたが、これも料金を浮かして楽しめるようにという配慮だったようです。

数々の宴会やパーティーの陣頭指揮を執ってきたOさんだからこその店選びだと、感心したことを覚えています。

特にこうした「無理が利く店」というのは、コロナによって会食や接待の機会が限られる中、重要性を増してくるのではないでしょうか。

Point

やっぱり「自分の店」を持っている人は強い。積極的に開拓していこう。

Column

突き抜けた40代③

MBA留学、そして挫折を経て年収1億円

現在、プロ経営者として活躍するGさんとは、米国サンダーバード国際経営大学院へのMBA留学の際に知り合いました。

MBAには、多くの人が夢を描いて入学してきます。Gさんもその一人で、「MBAホルダーになれば、高額な年収も夢ではない」と一念発起し、勤めていた外資系企業を30代で退職し、アメリカにやってきました。

私より1学年上でしたが、彼がバイスプレジデントを務めていたジャパンクラブの役職を私が引き継いだこともあり関係が深く、また、私と同じく自費での留学だったこともあり、親しみを感じていました。

しかし、GさんはMBA取得後、再就職先探しでかなりの苦戦を強いられます。結局、以前勤めていた会社よりもむしろ低い年収で、西海岸のコンサルティング会社に就職せざるを得ませんでした。高い年収を求めてMBA留学を決断したGさんとしては、極めて不本意なことだったでしょう。

ところがその会社で、黎明期にあったあるIT企業を担当し、日本法人設立の実務を支援することになったことから、Gさんのキャリアは一気に好転し始めます。

そのIT企業はその後、急成長を遂げ、Gさんもスカウトされて入社することに。当初は日本法人のNO・4くらいの立場だったのですが、あれよあれよという間に社長が入れ替わり、ついにGさんに日本法人のトップの座が回ってきたのです。40代初めのことでした。

私はGさんの苦労をこの目で見ていたので、社長就任報道を聞いて、思わず涙してしまったほどでした。

その企業を退社後はプロ経営者として、日本のある大手企業のトップとして迎えられました。今では年収1億円以上の高額所得者に名を連ねています。

最近ではMBA留学をする日本人が減っているという話を聞きます。しかし、Gさんの人生を見ていると、より高い収入を求めて努力することもまた、非常に素晴らしいことではないかと思うのです。

第7章

【勉強編】限りある時間で、最大限の成果を得る「大人の学び方」

01 アフターコロナ時代に身につけるべき「これだけ」

遅々として進まなかった働き方改革だが、コロナ禍で一気に進行することに。そんな中、我々が身につけておくべきスキルとはどういうものなのか。

⊙緊急インタビュー「アフターコロナ時代に求められる能力とは？」

２０２０年、新型コロナ禍により、働き方は大きく変わりました。

多くのビジネスパーソンは、ウェブ会議やオンライン商談で問題なく仕事がこなせることに気づいてしまいました。会議自体、やらなくても問題なく業務が進むことがわかってしまった会社もあるでしょう。通勤の必要がなくなったばかりか、感染者が多数発生している中、必要もないのに会社に来て朝から晩までいる人は「空気が読めない人」と嘲笑《ちょうしょう》の対象に。

コロナ禍が収まっても、この流れは変わらないでしょう。テレワークを継続する企業も出てくるでしょうし、営業の世界では、遠隔地や海外とのオンライン商談が定番化していくでしょう。

人付き合いのあり方も大きく変わるかもしれません。「直接会う」ことの重要性がなくなることはないと思いますが、それ以外の交流の形が求められるようになるでしょう。

ちなみに私もこの機に「オンライン飲み会」をいろいろな方とやってみましたが、リアルな飲み会に比べ一人ひとりの話がしっかり聞けるというメリットがあることに気づきました。

こうなると、今後、ビジネスパーソンに求められる能力も、かつてと変わってくるかもしれない。そう考えて、多くの経営者や上級管理職の方々と意見交換をしてみました。

ここでは、その結果から見えてきた、**「アフターコロナ時代の40代に求められるスキル」**を紹介したいと思います。

⊙コミュニケーションのあり方は確実に変わる

最も多くの人が言及していたのが「コミュニケーションスキル」と、「コンセプチュアルスキル」です。

問題解決や企画立案を行ったりという「コンセプチュアルスキル」が求められているのは、今も昔も変わりません。むしろ注目すべきは「コミュニケーションスキル」でしょう。

テレワークの推進により、人と人とが顔を合わせる機会がめっきり減ってしまいました。しかし、仕事は一人ではできません。そのため、**短い時間で正確に物事を伝えたり、画面越しでのコミュニケーションで人を動かしたりするスキルが必要になってくる**のです。

逆に言えば、毎日顔を合わせていたことで「コミュニケーションを取った気になっていた」上司は、実は自分の言葉や思いがまったく伝わっていなかった、ということにもなりかねないのです。

オンラインが当たり前の時代は、これまでの「コミュニケーションスキル」の高低が何倍にも増幅してしまう危険性を秘めています。

では、オンライン時代においてコミュニケーションはどう変わり、どんなスキルが求められるのか。いくつか私のオンライン研修で解説している例を紹介しましょう。

●問題：反応がわかりにくい→対策：名前を呼びかける

画面越しだとどうしても相手の反応がわかりづらいもの。しかし、それを放っておくと、相手が理解してくれていなかったり、全然話を聞いていなかったりということが頻発します。

それを防ぐには、相手に対して定期的に「呼びかける」ことです。私はこれを「MC話法」と呼んでいるのですが、テレビのワイドショーのMC（司会者）のように「○○さん、これってどう思いますか？」と名前を呼んでから話すのです。「○○部長、この仕様で問題ないでしょうか」「○○さん、このアイデアにもう一つ何か加えるとすると、どうかな？」といった要領です。

これなら、誰が意見を求められているか明白ですし、名指しされていない人も「いつ、自分が聞かれるかわからない」と緊張感を保つことができるのです。

●問題：ツールのトラブルが起きやすい→対策：「前始末」で対応

リモート会議は便利ですが、通信環境の問題や操作ミスなどで、思わぬトラブルが起きがちです。そこで、事前にどんなトラブルがあってもいいように、万全の準備をしておく必要があります。

例えば、画面上での資料の共有が突然できなくなるというケースを想定し、事前に資料を送っておくというのは基本です。さらに、プリントアウトしておき、最悪、カメラに資料を近づければ見えるようにしておく、という準備までしておけばより安心でしょう。

私はこうした準備のことを後始末ならぬ「前始末」と呼んでいます。

●問題：話すタイミングが難しい→対策：「ターン」を意識する

これはもう、「オンライン対話とはそういうもの」だと割り切るのが一番ですが、対策の一つとして「マイターン・ユアターン話法」というものがあります。

トランシーバーを使う際に、最後に「……どうぞ」という言葉を発します。ちなみに英語だと「……オーヴァー」と言うのですが、まさに「自分の話は終わりです。そちらの話をどうぞ」という合図です。

実際にいちいち「どうぞ」と言うのは、少々不自然です。でも、自分の話を終えたあとに「どうぞ」と言うのと同じくらいの間を取ると、面白いもので、相手には「自分のターンだ」という認識が生まれるのです。ぜひ、試してみてください。

いかがでしょうか。こうしたテクニックは、従来の「コミュニケーションスキル」ではあまり聞かなかったものだと思います。それだけに、喫緊《きっきん》の習得が必要なのです。

他にも、「現状分析能力」「問題解決能力」「PDCA」「リーダーシップ」「モチベーション」などが、アフターコロナ時代に求められるスキルとして、多くの人から挙げられました。

20代のうちは会社が研修等で社員の教育をしてくれても、30代になるとその機会も減り、40代以降は「自分で学ぶ」ことが基本となります。だからこそ、40代で何を学ぶかは非常に重要なのです。

Point

アフターコロナ時代も「コミュニケーション」の重要性は変わらない。しかし「やり方」は大きく変わる。

02

「自分の頭で考え、書く」能力を手に入れる

現場を走り回った20代、30代。現場が大事なのは変わらないが、果たして40代になっても「現場だけ」でいいのだろうか……？

⊙できる人はすべからく「書くスピードが速い」！

研修等を行っていて、「できる人」と「そうでない人」の差を顕著に感じる瞬間があります。それは、「書くスピード」です。

例えば、ワークショップを行う際にワークシートへの記入をお願いすることがあるのですが、その際、書くのが速い人と遅い人にくっきり分かれるのです。そして、書くのが速かった人ほどやはり、ワークショップのでき自体もいいのです。

その他にも、企画書や報告書などの書類はもちろん、**メールの返事一つ取っても、速い人と遅い人では雲泥《うんでい》の差があり、その差が仕事のできにも直結している**ように感じます。

私の周りには書籍を書いたりブログ等で情報を発信している人も多いのですが、やはり、できる人ほど書くのが速いという印象があります。

だから「40代になったら書くスキルを高めよ」という話かというと、そうではありません。**書くスピードとは「自分の頭で考える能力」とほぼ、比例する**からです。いわゆる「書くスキル」を磨く意味がないとは言いませんが、むしろ鍛えるべきはこの「自分の頭で考える能力」のほうなのです。

⦿経営者の方針を「鵜呑み」にしてはいけない

私は企業の経営者が幹部候補を選別する場に多く立ち会ってきましたが、その際、経営者が必ず口にするのが、「自分の頭で考えることができるか」です。

例えばリーダーが自分のチームや課の計画を立てる際、まずは経営トップの方針が本部や本社から降りてくることになります。もちろん、その方針は重視すべきではあるのですが、実際には、上からの方針を自分で解釈し、「現実に即しているかどうか」「実効性がありそうかどうか」などを精査し、自部門の方針を決めるべきですし、上もそれを期待しているのです。

にもかかわらず、自身の課やチームの方針について、上からの方針をただなぞっただけ、という例が非常に多いのです。

言われた通りにやることが評価につながるのは、30代まで。40代になったら、「自分の頭で考える」ことが不可欠なのです。

⦿「現場100回」は重要だが、それだけでは意味がない

さて、「自分の頭で考える」能力を高める近道があるとすれば、「フィールドスタディ×分析」という方法です。

「フィールドスタディ」というのは「現場を実際に訪れて、観察し、現場から学ぶこと」です。つまり、「現場で起きていることをつぶさに観察し、自分の頭で考え、分析し、ベストな策を練る」ことです。刑事の世界に「現場100回」という言葉があるように、すべての答えは現場にあるもの。ただし、その**答えは現場を観察するだけでなく、「観察して、考える」ことでしか見えてきません**。

優秀な経営者が現場に足しげく通うのは当然ですが、「数字の分析」が仕事だと思われているエコノミストでも、本当に優秀な人は日々、企業や街に足を運んで現場の空気を知ることを重視しているものです。

「ロジカルシンキング」などの本を読むのも大切ですが、こうして実践を繰り返すことのほうが重要だと私は思います。ただ、こうした思考系スキルの中で、**「フレームワーク」をどれか一つでも身につけることは大いに効果がある**と思います。

例えば、「PEST分析」というフォーマットがあります。「Politics（政治）」「Economy（経済）」「Society（社会）」「Technology（技術）」の頭文字を取ったもので、例えばコロナ後の変化を考えるにあたり、「政治はどう動くか」「経済はどう動くか」「コロナ後の社会はどう変化するか」「求められる技術はどういったものか」の四つの切り口から分析する、というものです。

そうすることで、ただ漠然と「コロナ後はどうなるか」を考えるよりも、とっかかりができて考えやすくなるのです。

フレームワークにはほかにも「STP分析」「SWOT分析」などさまざまなものがありますので、調べてみるといいでしょう。

Point

40代の能力は「書く力」に現れる。現場に行き、自分の頭で考えることでその能力は身につく。

03

「お金に換わる能力」を集中的に勉強する

「40代からの資格取得」がちょっとしたブームになっている。確かに「資格」は役立つようにも思えるが……実際にはどうなのだろうか。

◉徹底討論「40代からの資格取得は是か非か」

月刊ビジネス誌『THE21』が50代以降の人に行った調査によれば、「40代でやっておけばよかったこと」の第1位はなんと「資格取得」だったそうです。

実際、この数年ちょっとした資格ブームの様相を呈《てい》しており、コロナ禍で外出が制限されたこともあってか、その流れはますます加速しているようです。

ただし、「40代からの資格取得」にはポジティブ派、ネガティブ派双方がいて、それぞれの主張を繰り返しています。

ポジティブ派は、資格が生かされる業界の人や、そうした資格を持っている人に多いようです。

例えば、ＩＴ系や建設・設備系では資格は非常に重要で、どんな資格や免許を持っているかで担当する業務も変わり、転職の際には大きな武器になります。ＩＴ業界であれば、**「ＣＩＳＡ（公認情報システム監査人）」「システム監査技術者」「ＩＴストラテジスト」**など、建設業界なら**「１級建築施工管理技士」「１級土木施工管理技士」**などの上級資格は、40代からでも習得する価値が十分にある資格だと言えるでしょう。

また、金融業界でも持っていたほうがいい「資格」はたくさんあります。

一方、ネガティブ派の主張は、勉強して資格を取ったところで、「本業で役に立たなければ意味はない」というものです。例えば努力して「中小企業診断士」「社労士」「行政書士」などの資格を取っても、資格を取っただけでは独立できません。親が同業で跡を継げる、あるいはまだ若くて顧客開拓の時間がある、というなら別ですが、そうではない40代にとっては意味がないというのです。

あるいは、ＴＯＥＩＣで９００点台を取っても、これまで実際に英語でのビジネス交渉をしたことがない人は評価されません。これから就職する人ならともかく、少なくとも40代の転職にはあまり役に立たない、ということです。昇進の条件が「７５０点以

40代から取得しても役立つ(と思われる)資格例

- MBA（国内含め）
- CISA（公認情報システム監査人）
- システム監査技術者
- IT ストラテジスト
- PMP（Project Management Professional）
- 情報処理安全確保支援士（サイバーセキュリティ関連）
- 弁理士
- 司法書士
- 税理士
- USCPA（米国公認会計士）
- TOEIC
- 1級建築施工管理技士
- 1級土木施工管理技士
- 大型自動車免許
- 宅建
- IT コーディネータ（地方の場合）

上」というような会社でない限り、点数にこだわる意味は薄そうです。

◉「資格×能力」なら、稼げるチャンスは倍増する

どちらにも一理ありますが、私は40代の資格取得に関しては**「その資格がお金に換わるか」という視点で判断すべき**だと思っています。

その資格がお金や収入アップにつながる見込みが高いなら勉強すべきですし、そのあてがないようなら、その時間を別の勉強にあてたほうがいい、ということです。

とはいえ、「取っただけでお金になる資格」など、そうそうありません。ここで重要なポイントは**「スキル＋資格でどうお金を稼ぐか」**という発想です。

例えば「中小企業診断士」「社労士」、あるいは「ＩＴコーディネータ」などの資格は人気がありますが、実際にこれらを得たからといって、すぐにお金になるわけではありません。資格を持っている人があまりにも多く、持っているだけで顧客がつくというわけではないからです。

でも、あなたに「新規開拓の営業力」や「人脈」があったらどうでしょうか。「新規開拓の営業力」がある中小企業診断士や社労士などそうそういませんので、十分強みを発揮できそうです。また、ある分野に強い人脈を持っていれば、その分野専門のコンサ

ルタントとして独立できるかもしれません。

逆の発想もあります。つまり、せっかく中小企業診断士の資格を持っているのに生かし切れていないのなら、「どんなスキルを身につければ資格をお金に換えられるか」を考えるのです。仮にウェブマーケティングのスキルを身につければ、ウェブによる集客で同業他社を出し抜くことが可能かもしれません。

つまり、**「自分の持っているスキルにどんな資格を加えればお金になるのか」あるいは「自分の持っている資格にどんなスキルが加わればお金になるのか」を考える**のです。

◉「家庭教師」のニーズが高まる？

その際には、最初から独立・起業できるかという視点だとハードルが高いので、まずは「副業として儲かるか」を考えるのがいいでしょう。

「TOEIC900点台」だけではお金にならなくても、仮に本業で工作機械のエンジニアをやっているとしたら、「工作機械関連の翻訳の仕事」で稼げるはずです。実際、専門系の英語翻訳ニーズは高いので、一度ウェブで探してみるといいでしょう。

一方、教育関係の経験があるのなら、「英語のプロフェッショナル家庭教師」などの道も開けるかもしれません。

実際、「プロ家庭教師」は今後、ニーズが高まると考えられます。子供の勉強に力を入れる富裕層はおカネに糸目をつけません。通常は少なくとも時給5000円以上の収入が見込めます。

また、プロ家庭教師と呼ばれるような人は意外と人数が少なく、ニーズが高いという特徴もあります。私は知り合いの編集者に「小論文」のプロ家庭教師になることを勧めているくらいです。

結局、その資格でお金を稼げるかどうかは「需要と供給」で決まります。その視点から今、何を学ぶべきかを考えてみてはいかがでしょうか。

Point

40代からは「その勉強はお金になるか」を常に考えよう。

04

「ばっかり読み」で短時間で効率的に知識を深める

勉強の意欲はあっても、時間を取るのは難しい。ここでは、短時間で効率的に学習できる「ばっかり読み」という読書法を紹介したい。

⦿10冊読めば「プロフェッショナル」になれる？

仕事にプライベートに忙しい40代が、継続的にまとまった勉強時間を取ることはなかなか難しいものです。それでも「できる40代」はなんとか時間を確保し、読書などの時間にあてています。

ただ、限られた時間ですから、勉強は効率的に行わなくてはなりません。そこでお勧めしたいのが「**1ジャンルばっかり読み**」です。

著名なジャーナリストとして知られる野村進氏は、その著書『調べる技術・書く技術』（講談社現代新書）で、「自分に関心のある分野でひとかどの人間になりたかったら、一月に二、三冊でいいからその関連の本を読むことだ。それを三年続けたら、その分野ではオーソリティーになれる」というノンフィクション作家本田靖春氏の言葉を紹介しています。まさにその通りだと思います。

ネット情報に比べ、あるテーマについて深く掘り下げられ、推敲も重ねられた書籍のほうが、情報の密度は圧倒的に濃くなります。ネット情報をひたすら漁るくらいなら、同じ時間で1冊の本を読んだほうがよほど効率的です。

仕事に関する勉強の場合、正直、3年もかけずとも、**1分野について10冊も本を読めば、十分に精通できる**と思います。このくらいの量を読めば、そのテーマについての最大公約数的なポイント、いわば「肝」が見えてきます。実際には2、3冊で概略をつかみ、もう7、8冊読むことで、知識に応用が利くようになるのです。

例えば、営業部門のリーダーとして、「MA（Marketing Automation）」について知りたいとします。まずはその分野の「定番」「決定版」と呼ばれているような本を購入しましょう。多くの書店に並んでいるものや奥付の刷数が多いもの、あるいはオンライン書店の人気ランキングなどを参考にするといいでしょう。

ただ、こうした本はせいぜい1分野に3、4冊しかありません。10冊読むとなると、かなり専門的な本にまで手を伸ばす必要が出てきます。こうした本を読んでみると、中にはもっと注目されてもよい良書や、ユニークな切り口の本が見つかるものです。だからこそ、入門書を読んだだけでは得られない知識を手に入れることができる。これが10冊読むことの意味です。

10冊も読むのは大変だと思うかもしれませんが、ある分野に関する知識が深まれば深まるほど、読書スピードは速くなります。つまり、**1冊目を読むスピードと比べ、10冊目を読むスピードは格段に上がっているはずです。**

◉「現在と過去の同時読み」もお勧め

一方「営業」「マネジメント」といった普遍的なテーマとなると、本が多すぎて逆に選べないかと思います。テーマを「法人営業」「プロジェクトマネジメント」などと絞り込むのも手ですが、私がお勧めしたいのは**「今売れている本と過去の名著を同時に読んでみる」ことです。「今、この時代に重要なこと」と「普遍的に重要なこと」の両方が見えてくる**からです。

こうした普遍的な名著を1冊に絞り、「ばっかり読み」することを勧める人もいます。

経営コンサルタントのRさんはフィリップ・コトラーの『マーケティング・マネジメント』を何十回も読み直したことで、ついには自分でマーケティングの講義ができるまでになりました。Rさんは「その本の内容で60分の講義をする」くらいのつもりで読み込むことを勧めています（もちろん、実際に教えてみるのもいいでしょう）。

ネットの情報は本に比べて信頼性が薄いと述べましたが、タイムリーな情報を得るためにはやはり、ネットも必須です。例えば今回のコロナ禍の中、会社が急遽オンライン商談やウェブ会議を導入しなくてはならなくなった際、ウェブ情報にお世話になった方は多いでしょう。

ただこれも、一つのサイトを参考にするのではなく、複数のサイトを読み比べたほうがいいでしょう。やはり一つのテーマにつき、10から20のサイトを読み込むべきだと思います。ネット情報は情報の信憑性が低かったり、他の情報をコピペしただけのサイトも多いので、ある程度量を読む必要があるのです。

Point

短時間で効率的に知識を得たいなら、一つのジャンルにとことんこだわれ。

05

40代のうちに「勉強のリベンジ」を果たしておく

「生涯学習」という言葉をよく聞く。ただ、学生時代以来、すっかり勉強する習慣から遠ざかっている……。そんな人が今すぐ始めるべきこととは？

⦿年齢を重ねるほど、「勉強の体力」が失われていく……

勉強は継続こそが命。だからこそ、高いモチベーションを保ち続ける必要があります。ただし、これは50代、60代になったシニア世代が口を揃えることですが、この年代になると体力だけでなく気力も落ちてきて、勉強しようというモチベーションが明らかに下がってしまうのです。そして**「若いうちに勉強しておけばよかった……」と後悔する**のです。

40代はその意味で、「最後のチャンス」とも言えますし、50代、60代ほどではないにせよ、モチベーションを保つための工夫が必要になるということでもあります。

だからこそお勧めしたいのが、「リベンジ系」の勉強です。

あなたにも、「若い頃に勉強しようと思ったけれど、実際には始められなかった」「かじった程度で終わってしまった」「試験に失敗してそのままになってしまった」という分野があるのではないでしょうか。人によってそれは「英語」や「簿記」だったり、あるいは楽器やスポーツなど趣味に関することかもしれません。

ずっとやりたかったけれど、やれなかった。**今がその「リベンジ」の最後のチャンスである。そのことが、あなたのモチベーションを喚起してくれる**のです。

⦿30代の「リベンジ」で資格取得に成功

Sさんの「リベンジ」は、「システム監査技術者」の資格試験でした。ずっと大手ITベンダーでシステム監査のキャリアを積み上げてきたSさんですが、実はこの資格は持っていませんでした。30代後半で会社から資格を取るように言われたのですが、まさかの不合格。雪辱を期した2回目の試験も不合格でした。

ただ、実務能力が高いSさんだけに、資格がなくても仕事は滞りなく回り、顧客からの信頼も高いことから、その後は試験を受けることなく今日まで来ていたのです。

ただ、やはりどこかにモヤモヤした気持ちがありました。自分よりよほど実務のできない同僚が試験に合格して資格を持っていることにも、密かにショックを受けていました。

のどに引っかかった骨のようになっていた不合格の記憶を払拭するため、Sさんは40代になってから再度、試験に挑戦することにしたのです。

実はSさんが試験に落ちた理由の一つは、「実務を知り尽くしていたこと」でした。いわば「自己流」のやり方を確立してしまったため、それが試験ではマイナスに作用してしまったのです。そこで、今回はプロ意識を封印し、謙虚に試験対策を行い、過去問を繰り返し解きました。学習計画も綿密に練り、過去2回よりも十分な時間をかけ、本番に臨んだのです。

結果は合格。Sさんは40代半ばにしてリベンジを果たしたのです。

資格取得はSさんのメンタル面に大きなプラスの影響があったのはもちろん、基礎をしっかり学び直したことで、仕事にもいい影響があったそうです。

⦿「机に向かう習慣」のリハビリをしておこう

現代は「学び直し」が何歳になっても求められる時代です。「生涯学習」という言葉も一般的になっています。しかし、40代の人の中には、「机に向かって勉強するのは学生のとき以来」という人もいるのではないでしょうか。

勉強の習慣を再度思い出すためにも、この「リベンジ系学習」は最適です。元々やりたかった分野だからこそモチベーションを保つことができますし、もし以前、少しでも勉強したことがあるのなら、その知識は必ずどこかに残っているはずなので、まったく新しいことを学ぶより確実に習得は早いはずです。

「リベンジ系」で思い起こす人が多いのは、「英語」かもしれません。私の周りにも、40代から学び直して英語力を飛躍的に高めた人がいます。ただ、勉強するのは楽器などの趣味でもかまいません。

ある一定の時間を、何か一つのことを習得するために使うという習慣を、40代のうちに思い出しておくことが大切なのです。

Point

「あれを勉強しておけばよかった」という後悔は、40代のうちにクリアしておこう。

06

「話せる教養」を手に入れよう

今、ちょっとした「教養ブーム」が起きている。教養が大事なのはわかるが、なんの役に立つのか、イマイチピンと来ないのも事実……。

⊙付け焼き刃の教養は、経営者クラスにはすぐバレる

「年齢を重ねれば重ねるほど、教養が重要になる」

すっかり言い古された言葉ですが、若い頃は私も、あまりピンと来ていませんでした。「教養」の重要性は正直、40代になってからわかるものかもしれません。

その理由の一つはやはり、40代ともなると、社内外の経営者や上級管理職との会食や面談の機会が増えるからでしょう。こうした会食では普通、雑談からスタートしますので、教養や人としての品格が値踏みされる場ともなります。

国内外の歴史や偉人の話、絵画や音楽などのアートの話、文学や映画の話など、話題は多岐にわたります。その際、付け焼き刃の知識ではすぐにばれてしまうものです。実

際、多くの経営者が**「相手が教養のある人かどうかは、話してみればすぐわかるものだ」**とおっしゃっていました。

相手に教養を求める傾向はいわゆる「旧来型の大企業の幹部」に多いのかもしれません。システム会社に勤務し、メガバンクの担当をしていたTさんは、相手の立場が上がれば上がるほど、雑談や会食の席で美術や音楽、芝居といった話が多くなることを痛感。一念発起して勉強を始め、相手の信頼を得たそうです。

また、**教養の有無が意外と重要になるのが「スピーチ」や「挨拶」、あるいは期末や期初の際の「方針発表」の場**です。人に物事を伝える際、効果を発揮するのが「たとえ話」や「引用」です。仕事の話を仕事の例でしか語れない人は、「視野の狭い人」と思われがちです。野球やサッカーといったスポーツも悪くないのですが、いつも同じジャンルのネタばかりだと「底の浅い人」と思われます。

ときには海外の小説から、ときには日本の古典芸能から、はたまたあるときは最新の科学知識からのたとえ話を駆使するような人のほうが、間違いなく相手に強い印象を与えることができます。

⊙一流に触れると、一流を見抜く目が得られる？

最近では「1冊で教養が身につく本」なるものが数多く出回っています。最初のステップとして悪いとは思いませんが、それだけでは真の教養は身につかず、「雑学」で終わってしまいます。

私が諸先輩方から勧められたのは、とにかく「一流に触れる」ことでした。知識ではなく、触れることが大事。有名な絵画を美術館で直接見る。一流の奏者によるコンサートに行く。一流の料理人の店で食事をする。最初はあまり興味がなかった私でも、一流のものに触れると確かに「これは本物だ」とわかるのです。ピカソの「ゲルニカ」や、中宮寺の「菩薩半跏像」を見た瞬間に感じた衝撃は忘れられません。

ただ、その重要性に気づくのは、もっとあとのことです。**「一流に触れる」ことで、自分の中で徐々に「本物とは何か」の基準が作られていく**のです。すると、どんな分野においても、「何が一流か」が見えてくる。「普遍的に通用する価値とは何か」が、おぼろげながらも見えてくるような気がしたのです。

面白いもので、これはビジネスにも生かされました。多くのビジネスパーソンに出会う中で「この人は間違いなく一流だ」という人がわかるようになってきたのです。そうして得られた眼力こそが「教養」なのではないかと、私は思っています。

⊙知識だけでなく、「身体」で学ぼう

とはいえ、漠然と「一流を見ろ」と言われても、何から始めていいかわからない人は多いでしょう。まずはやはり、自分の興味のある分野を突き詰めていくことがスタートです。まったく興味のない分野ではモチベーションが続きません。

本もいいですが、より**学習効果が高いのはやはり「自ら足を運ぶこと・体験すること」**でしょう。例えば最近の美術館には、仕事をしている人が行きやすいよう夜遅くまでやっている日があったり、その際に学芸員さんが解説ツアーをしてくれるようなところも増えていますので、積極的に活用するといいでしょう。

何より、教養を身につけると、さまざまな分野への関心が広がり、生活が豊かになります。仕事も人生も充実させてくれるものこそが「教養」なのです。

Point

教養を高める近道はない。まずは「一流」と呼ばれるものに接する機会を増やしていこう。

項目	評価	コメント
①自社の業界		
②自社評価		
③自部門		
④直属の上司		
⑤自己評価		

巻末付録

私の現状分析シート

※使い方は p22 以下を参照

■評価基準(5段階)

5：非常に良好
4：良好
3：どちらともいえない
2：問題あり
1：非常に問題あり

〈著者略歴〉

大塚 寿（おおつか・ひさし）

1962 年、群馬県生まれ。株式会社リクルートを経て、サンダーバード国際経営大学院で MBA 取得。現在、オーダーメイド型企業研修を展開するエマメイコーポレーション代表取締役。
オンライン研修「営業サプリ」を運営する株式会社サプリ CKO。
サボるのが大好きだった当然の報いとして高校・大学・就職とも第１志望に入れず、悶々とした日々を過ごす。ゼミの先輩の勧めからリクルートに入社後、上司、先輩、全事業部の仕事のできる先輩、社外の大手･中小企業の経営者、管理職に片っ端からアドバイスを求める。そこで仕事ができるようになる方法や競争力のあるキャリアデザイン、さらに「後悔しない方法」を聞き実践した結果、人生が好転、自己実現を果たす。インタビューは今も継続中で、人数は１万人を超える。歴史上の成功者や偉人よりも、身近な人の成功、失敗から学ぶことの合理性を痛感している。著書にシリーズ 28 万部のベストセラー『40代を後悔しない 50 のリスト』（ダイヤモンド社)、『50代 後悔しない働き方』（青春出版社）など 20 数冊がある。

〈エマメイコーポレーションオフィシャルサイト〉
https://emamay.com
〈営業サプリオフィシャルサイト〉
https://www.sapuri.co.jp

装丁――――――――――小口翔平＋加瀬梓（tobufune）
図版・本文デザイン――――桜井勝志
編集協力――――――――スタジオ・チャックモール

できる40代は、「これ」しかやらない

1万人の体験談から見えてきた「正しい頑張り方」

2020年9月3日　第1版第1刷発行
2020年12月10日　第1版第3刷発行

著　者　大塚寿
発行者　後藤淳一
発行所　株式会社PHP研究所
東京本部　〒135-8137　江東区豊洲5-6-52
第二制作部　☎03-3520-9619(編集)
普及部　☎03-3520-9630(販売)
京都本部　〒601-8411　京都市南区西九条北ノ内町11
PHP INTERFACE　https://www.php.co.jp/

組　版　有限会社エヴリ・シンク
印刷所　大日本印刷株式会社
製本所　東京美術紙工協業組合

ISBN978-4-569-84736-8

PHPの本

トップ3%の人は、「これ」を必ずやっている

上司と組織を動かす「フォロワーシップ」

伊庭正康 著

なぜか上司から頼りにされる人の秘密は、「フォロワーシップ」にあった！ 上位3%の人だけが実践している「正しい頑張りどころ」とは？

定価 本体一、五〇〇円（税別）

PHPの本

できるリーダーは、「これ」しかやらない

メンバーが自ら動き出す「任せ方」のコツ

伊庭正康 著

リーダーが「頑張り方」を少し変えるだけで、部下は勝手に頑張り出す！　部下への〝任せ方〟を知らないばかりに疲れているリーダー必読！

定価　本体一、五〇〇円（税別）

PHPの本

仕事が速い人は、「これ」しかやらない

ラクして速く成果を出す「7つの原則」

石川和男 著

残業ゼロでも成果を出す人は、一体何をしているのか？ 自分の時間が劇的に増える「賢い力の抜き方」を紹介！

定価 本体一、五〇〇円
（税別）